BOOSTER SON ENTREPRISE

27 actions clés en main

www.booster-entreprise.com

Table des matières

INTRODUCTION

MÉTHODOLOGIE

AUTODIAGNOSTIC

ÉVALUATION DU DIRIGEANT

ÉVALUATION DE L'ENTREPRISE

ÉVALUATION DE L'ENVIRONNEMENT

ACTIONS

Action 1 : Se former et former ses collaborateurs

Action 2 : Externaliser une compétence

Action 3 : Internaliser une compétence

Action 4 : Demander conseil et échanger

Action 5 : S'informer et s'autoformer

Action 6 : Mieux gérer son temps

Action 7 : Déléguer et faire confiance aux collaborateurs

Action 8 : Trouver une meilleure implantation pour l'entreprise

Action 9 : Rechercher des financements

Action 10 : Réduire les coûts fixes

Action 11 : Mettre en place des alliances

Action 12 : Renégocier des contrats

Action 13 : Repositionnement tarifaire, repositionnement des devis

Action 14 : Rechercher de nouveaux marchés et débouchés

Action 15 : Améliorer les délais de paiement

Action 16 : Formaliser l'argumentaire commercial

Action 17 : Élaborer une enquête de satisfaction

Action 18 : Mettre en place des outils de communication adaptés

Action 19 : Engager des actions commerciales adaptées

Action 20 : Fidéliser sa clientèle

Action 21 : Effectuer une réorganisation interne

Action 22 : Réajuster les outils de ressources humaines

Action 23 : Modifier la valeur perçue par le client

Action 24 : Fixer un niveau de prix non rentable pour les concurrents

Action 25 : Protéger ses ressources et ses technologies

Action 26 : Innover

Action 27 : Multiplier les réseaux de distribution et de prescription

INVITATION

L'auteur

INTRODUCTION

Alors que les petites entreprises représentent 93 % des entreprises françaises, elles sont également les moins accompagnées, et sont celles qui disposent du moins de solutions pour se développer.

Quelles sont les raisons de ce manque ?

Le constat est simple : les petites entreprises ne disposent pas de moyens financiers et sont par conséquent un marché peu porteur pour les différents organismes d'accompagnement et cabinets de conseil.

Doit-on pour autant laisser de côté et sans outils ce qui fait la richesse du tissu économique national ?

Nous avons pris le pari que des outils d'aide adaptés aux petites entreprises pouvaient être mis en place. C'est pourquoi ce manuel se base sur des principes forts en adéquation avec les besoins et spécificités des petites entreprises :

- Faible coût
- Simplicité d'utilisation
- Peu consommateur de temps

Un minimum de temps et d'argent pour un maximum de résultats.

La méthode a été conçue afin de permettre aux dirigeants de pallier au manque de recul, d'identifier les problèmes, et de trouver les solutions les plus adaptées dans un objectif de croissance. Convaincu de l'enjeu économique et de la force que représentent les petites entreprises, ce guide se positionne comme la première solution de conseil formalisée en autogestion. La méthode proposée permet au dirigeant de contrôler le temps, les moyens, et de personnaliser les solutions.

Parce qu'un ouvrage est souvent inefficace car inadapté, une formation et un consultant onéreux et contraignants, nous avons souhaité proposer une méthode alliant simplicité, adaptabilité et efficacité à un faible coût.

Le dirigeant dispose souvent des bonnes réponses et des solutions à ses problèmes, mais ne se pose pas les bonnes questions au bon moment.

Ce manuel est avant tout un outil opérationnel à destination des petites et moyennes entreprises. Il recense :

- Une méthodologie d'autodiagnostic permettant au dirigeant de se poser les bonnes questions et de déterminer ses plus gros problèmes.
- Des solutions adaptées à chaque problème et facilitant la mise en œuvre.

Ce sont de nombreuses heures d'expertise, de constat sur le terrain et de recherche auprès des petites entreprises qui nous ont conduits à la mise en place de cet outil.

Les solutions présentées dans le document ne sont pas exhaustives. Ce sont cependant les solutions les plus utilisées et les mieux adaptées aux problèmes des petites et très petites entreprises.

MÉTHODOLOGIE

Lors de la réalisation de l'autodiagnostic, vous serez amenés à déceler certaines problématiques de développement. Afin de faciliter l'utilisation de cet autodiagnostic, un point récapitulatif des différents problèmes que vous aurez constatés est inclus. Il est nécessaire de le remplir dans la continuité afin d'assurer une parfaite objectivité et efficacité lors de ce travail.

L'autodiagnostic est ainsi découpé en trois sous-parties, avec trois points récapitulatifs. L'ensemble de la procédure d'analyse a été étudié pour durer moins d'une heure. Ceci vous permettra à la fois de prendre du recul sur l'activité de l'entreprise et de prendre connaissance des actions d'amélioration que vous êtes en mesure d'envisager. Libre à vous ensuite de consacrer du temps à leur mise en œuvre à l'aide notamment des fiches Actions associées et des outils disponibles sur le site internet associé.

AUTODIAGNOSTIC

Le diagnostic ou plus précisément l'autodiagnostic reste un passage obligé afin de prendre conscience et connaissance de l'ensemble des paramètres influençant l'entreprise et son activité. Se poser des questions est en soi une première forme de réponse. Les dirigeants de petites entreprises ont souvent les compétences techniques et une très bonne connaissance de leur secteur d'activité et de leur marché. Ils sont néanmoins soumis au quotidien qui fausse leur perception. L'enjeu de ce premier travail est donc de redonner de l'objectivité aux décideurs en leur permettant de déterminer, au travers d'un questionnaire, leurs principales problématiques. Les dirigeants ont les bonnes réponses, mais ne se posent pas les bonnes questions au bon moment. Cet autodiagnostic a été conçu pour leur permettre de se poser ces questions et de trouver des réponses.

Cet autodiagnostic est composé de trois parties reprenant les principaux éléments influençant l'entreprise et son développement :

- Le dirigeant : car l'entreprise est souvent à l'image de son dirigeant, avec ses forces et ses faiblesses.

- L'entreprise elle-même : en tenant compte de son fonctionnement et de son évolution.

- L'environnement de l'entreprise : car le marché et les clients sont en permanente évolution et conditionnent la pérennité de l'entreprise.

Cet état des lieux n'a de sens que dans le cadre d'un plan d'évolution et d'amélioration. Savoir quel est notre point de départ est primordial pour mettre en œuvre une stratégie gagnante, mais ne correspond en rien à une finalité. Ce qui est important n'est pas qui nous sommes ou ce que nous sommes, mais qui nous souhaitons devenir. De cette volonté de changement et de progrès dépendent les moyens que nous mettons en œuvre pour y arriver. En matière de développement d'entreprise, l'objectivité et la volonté sont des aspects indispensables à la réussite, et cet ouvrage et les outils associés ont été créés pour vous permettre de mettre en place votre stratégie de succès.

ÉVALUATION DU DIRIGEANT

Quel est votre niveau de compétences dans les domaines évoqués (notation de 1 à 5) ?

- ☐ Gestion du temps
- ☐ Leadership
- ☐ Résolution de problème
- ☐ Planning et budget
- ☐ Travail d'équipe
- ☐ Délégation
- ☐ Communication
- ☐ Tâches administratives
- ☐ Juridique
- ☐ Comptabilité et gestion
- ☐ Marketing

Quel est votre intérêt pour les domaines de compétences évoqués (notation de 1 à 5) ?

- ☐ Gestion du temps
- ☐ Leadership
- ☐ Résolution de problème

☐ Planning et budget
☐ Travail d'équipe
☐ Délégation
☐ Communication
☐ Tâches administratives
☐ Juridique
☐ Comptabilité et gestion
☐ Marketing

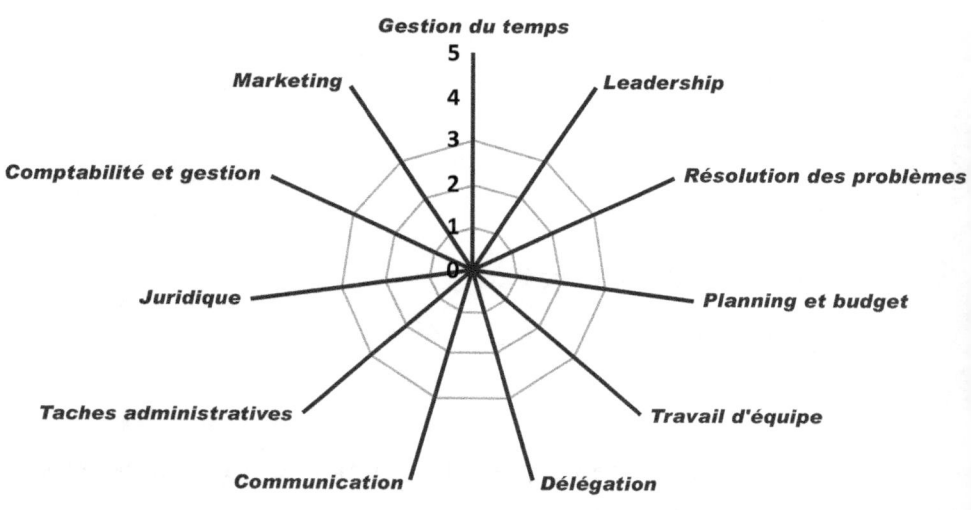

Préconisations : Actions 1 à 7 selon écarts.

Quel est l'axe prioritaire pour le dirigeant ?

- ☐ Le développement (augmentation du volume d'activité, du nombre de salariés...)
- ☐ La rentabilité (augmentation de la marge, de l'efficacité économique...)
- ☐ L'autonomie (diminution de la dépendance vis-à-vis des partenaires, clients, sous-traitants...)
- ☐ La pérennité (assurer la survie de l'entreprise)
- ☐ Autre :

Le dirigeant est-il conscient de ses lacunes en termes de compétences et a-t-il réussi à s'entourer de manière cohérente en en tenant compte (collaborateurs, conseils extérieurs ayant des compétences complémentaires) ?

- ☐ Oui
- ☐ Non

Préconisations : Action 4.

Qui, au sein de l'entreprise, dispose du savoir-faire métier et donc de la plus-value technique ?

- ☐ Le dirigeant
- ☐ Un collaborateur
- ☐ Plusieurs personnes au sein de l'entreprise

Préconisations : Actions 1 et 5.

Quelles sont les attentes professionnelles du dirigeant ?

☐ Trouver un équilibre vie privée/vie professionnelle

☐ La reconnaissance

☐ L'indépendance

La rémunération et la satisfaction professionnelle sont-elles à la hauteur des sacrifices et des engagements ?

☐ Oui

☐ Non

Le dirigeant est-il en contact avec un réseau de chefs d'entreprise ou d'accompagnement permettant d'échanger sur les problématiques et de se sentir moins isolé ?

☐ Oui

☐ Non

Préconisations : Actions 4 et 5.

POINT RÉCAPITULATIF
Quels points d'amélioration ou de vigilance ont été mis en évidence par les questions ci-dessus ?
ACTIONS ENVISAGEABLES
☐ Action 1 : Se former et former ses collaborateurs ☐ Action 2 : Externaliser une compétence ☐ Action 3 : Internaliser une compétence ☐ Action 4 : Demander conseil et échanger ☐ Action 5 : S'informer et s'autoformer ☐ Action 6 : Mieux gérer son temps ☐ Action 7 : Déléguer et faire confiance aux collaborateurs ☐ Action 8 : Trouver une meilleure implantation pour l'entreprise

ÉVALUATION DE L'ENTREPRISE

La marge globale réalisée par l'entreprise est-elle satisfaisante ?

☐ Oui

☐ Non

Préconisations : Actions 10 et 13.

Quelle a été l'évolution de cette marge lors des derniers mois ?

☐ Positive

☐ Stable

☐ Négative

Préconisations : Actions 12 et 13.

L'entreprise dispose-t-elle d'un tableau de bord permettant d'analyser les principaux indicateurs de gestion ?

☐ Oui

☐ Non

Le calcul de la marge par produit ou service permet-il de mettre en évidence une grande disparité ?

☐ Oui

☐ Non

Certains produits ou services proposés par l'entreprise apparaissent-ils comme non rentables ?

☐ Oui

☐ Non

L'entreprise est-elle fortement dépendante de ses fournisseurs et sous-traitants ?

☐ Oui

☐ Non

Préconisations : Actions 11 et 14.

L'entreprise dispose-t-elle d'un fichier clients ?

☐ Oui

☐ Non

Préconisations : Actions 19 et 20.

L'entreprise a-t-elle mis en place des outils de suivi formalisés de la satisfaction client ?

☐ Oui

☐ Non

Si la réponse est non, ces outils seraient-ils pertinents et adaptés ?

☐ Oui

☐ Non

Préconisations : Action 17.

Quels sont actuellement les moyens de communication et de promotion ?

☐ Site internet

☐ Affichage

☐ Prospectus

☐ Bouche à oreille

☐ Newsletter

Préconisations : Action 18.

Les éléments de communication (sites Web, brochures, devis...) permettent-ils de valoriser l'entreprise par rapport à la concurrence (prix, technique, satisfaction client, réactivité...) ?

☐ Oui

☐ Non

Préconisations : Actions 16 et 19.

L'évolution des moyens commerciaux est-elle proportionnelle à celle des ventes, du nombre de clients, du nombre de commandes ?

☐ Oui

☐ Non

Le nombre de réclamations ou de SAV reste-t-il proportionnel au volume de ventes ?

☐ Oui

☐ Non

Ces réclamations sont-elles traitées individuellement et de manière réactive ?

☐ Oui

☐ Non

Les évolutions du marché et des habitudes de consommation des clients sont-elles régulièrement vérifiées et analysées ?

☐ Oui

☐ Non

Préconisations : Actions 17 et 20.

La clientèle est-elle diffuse ou la dépendance de l'entreprise vis-à-vis d'un petit nombre de clients est-elle importante et dangereuse ?

☐ Forte dépendance

☐ Clientèle diffuse

Préconisations : Action 14.

Chaque collaborateur dispose-t-il d'un recensement précis de ses fonctions au sein de l'entreprise (fiche de poste) en accord avec son contrat de travail ?

☐ Oui

☐ Non

Préconisations : Action 22.

L'entretien d'évaluation annuel obligatoire pour chaque salarié est-il réalisé ?

☐ Oui

☐ Non

Préconisations : Action 22.

La répartition des tâches paraît-elle efficiente au sein de l'entreprise en termes de temps ?

- ☐ Oui
- ☐ Non

Préconisations : Actions 7 et 21.

Les différents collaborateurs sont-ils utilisés au mieux de leurs compétences ?

- ☐ Oui
- ☐ Non

Préconisations : Solutions 7 et 21.

L'actuelle formalisation des tâches permet-elle de définir pour chaque collaborateur des objectifs clairs et précis ?

- ☐ Oui
- ☐ Non

Préconisations : Actions 7 et 21.

Les grands équilibres concernant les fonctions supports de l'entreprise semblent-ils respectés : commercial, communication, administration, gestion et production ?

☐ Oui

☐ Non

Le temps consacré à l'action commerciale semble-t-il suffisant et efficient ?

☐ Oui

☐ Non

Préconisations : Actions 2 et 3.

Le niveau de satisfaction professionnelle des salariés paraît :

☐ Très satisfaisant

☐ Satisfaisant

☐ Peu satisfaisant

☐ Pas satisfaisant

Préconisations : Actions 7 et 21.

Le dialogue social au sein de l'entreprise est-il satisfaisant ?

☐ Oui

☐ Non

Préconisations : Actions 7 et 21.

Les besoins en termes de formation, de recrutement et d'évolution des postes sont-ils définis pour les prochaines années ?

☐ Oui

☐ Non

Préconisations : Action 1.

Certains éléments, comme l'absentéisme, l'ambiance, l'implication professionnelle, laissent-ils apparaître des problèmes de ressources humaines ou de management au sein de l'entreprise ?

☐ Oui

☐ Non

Préconisations : Actions 1, 7, 21 et 22.

Le dirigeant est-il à l'écoute de ses collaborateurs et disponible en cas de problème ?

☐ Oui

☐ Non

Préconisations : Actions 6 et 7.

La mise en place d'une norme qualité ou de certifications serait-elle envisageable et bénéfique à l'entreprise et valorisable auprès de sa clientèle ou de ses prospects ?

☐ Oui

☐ Non

Préconisations : Action 23.

L'entreprise a-t-elle développé des innovations significatives (nouveaux produits, services, techniques de production...) lors des dernières années ?

☐ Oui

☐ Non

Préconisations : Actions 25 et 26.

Si oui, ces innovations ont-elles fait l'objet de brevets ou de protections ?

☐ Oui

☐ Non

Préconisations : Actions 25 et 26.

POINT RÉCAPITULATIF
Quels points d'amélioration ou de vigilance ont été mis en évidence par les questions ci-dessus ? |✏
ACTIONS ENVISAGEABLES

- ☐ Action 1 : Se former et former ses collaborateurs
- ☐ Action 2 : Externaliser une compétence
- ☐ Action 3 : Internaliser une compétence
- ☐ Action 4 : Demander conseil et échanger
- ☐ Action 5 : S'informer et s'autoformer
- ☐ Action 6 : Mieux gérer son temps
- ☐ Action 7 : Déléguer et faire confiance aux collaborateurs
- ☐ Action 8 : Trouver une meilleure implantation pour l'entreprise
- ☐ Action 9 : Rechercher des financements
- ☐ Action 10 : Réduire les coûts fixes
- ☐ Action 11 : Mettre en place des alliances
- ☐ Action 12 : Renégocier des contrats
- ☐ Action 13 : Repositionnement tarifaire/repositionnement des devis
- ☐ Action 14 : Rechercher de nouveaux marchés et débouchés
- ☐ Action 15 : Améliorer les délais de paiement
- ☐ Action 16 : Formaliser l'argumentaire commercial
- ☐ Action 17 : Élaborer une enquête de satisfaction
- ☐ Action 18 : Mettre en place des outils de communication adaptés
- ☐ Action 19 : Engager des actions commerciales adaptées
- ☐ Action 20 : Fidéliser sa clientèle
- ☐ Action 21 : Effectuer une réorganisation interne

- ☐ Action 22 : Réajuster les outils de ressources humaines
- ☐ Action 23 : Modifier la valeur perçue par le client
- ☐ Action 24 : Fixer un niveau de prix non rentable pour les concurrents
- ☐ Action 25 : Protéger ses ressources et ses technologies
- ☐ Action 26 : Innover

ÉVALUATION DE L'ENVIRONNEMENT

Quels arguments semblent les plus importants pour vos clients (noter de 1 à 5) ?

- ☐ Prix
- ☐ Qualité
- ☐ Réputation de l'entreprise
- ☐ Service après-vente

Quel est le niveau de performance de l'entreprise (noter de 1 à 5) ?

- ☐ Prix
- ☐ Qualité
- ☐ Réputation de l'entreprise
- ☐ Service après-vente

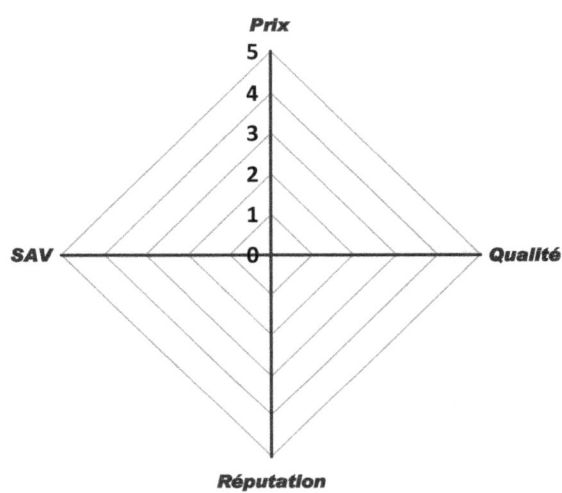

Préconisations : Actions 13, 16, 19 et 20.

L'offre de l'entreprise semble-t-elle en accord avec les besoins des consommateurs et leur sensibilité ?

☐ Oui

☐ Non

Préconisations : Actions 13 et 23.

L'approche et l'argumentaire commercial ont-ils été formalisés ?

☐ Oui

☐ Non

Préconisations : Action 16.

L'argumentaire commercial et la communication semblent-ils pertinents compte tenu de la sensibilité des clients potentiels ?

☐ Oui

☐ Non

Préconisations : Action 16.

La démarche commerciale est-elle adaptée selon la typologie de clients (segmentation du marché) afin de gagner en efficacité ?

☐ Oui

☐ Non

Préconisations : Actions 16, 19 et 23.

Existe-t-il des contraintes (réglementation, nouveaux produits...) pouvant affecter le marché et les consommateurs dans l'avenir ?

☐ Oui

☐ Non

Préconisations : Actions 25 et 26.

Quels sont les éléments de différenciation de l'offre et donc l'avantage concurrentiel de l'entreprise ?

☐ Prix

☐ Qualité

☐ Relation client

☐ Proximité

☐ Autre :

Préconisations : Actions 16 et 17.

Connaissez-vous les concurrents directs les plus sérieux ?

☐ Oui

☐ Non

Préconisations : Actions 11 et 13.

La stratégie actuelle est-elle cohérente par rapport à la concurrence ?

☐ Oui

☐ Non

Est-elle cohérente par rapport aux préoccupations et aux attentes des clients ?

☐ Oui

☐ Non

Quel est le niveau de dépendance de l'entreprise par rapport à ses fournisseurs et sous-traitants ?

☐ Très important

☐ Important

☐ Moyen

☐ Faible

Préconisations : Actions 11, 12 et 14.

L'entreprise est-elle en mesure de pallier d'éventuels problèmes de livraison ou de prestation ?

☐ Oui

☐ Non

Préconisations : Actions 11, 12 et 14.

L'entreprise est-elle globalement satisfaite de ses fournisseurs et sous-traitants (rapport qualité/prix, rapidité, efficacité...) ?

☐ Oui

☐ Non

Les conditions contractuelles la liant à chaque prestataire semblent-elles satisfaisantes et lui permettent-elles de tenir ses propres engagements vis-à-vis de ses clients ?

☐ Oui

☐ Non

En lien avec l'analyse financière effectuée, quelle a été l'évolution du coût de ces prestataires ?

☐ Augmentation

☐ Stable

☐ Diminution

Compte tenu des évolutions du marché et des besoins, une renégociation des contrats ou partenariats semble-t-elle envisageable ?

☐ Oui

☐ Non

Les différentes pistes de partenariat pouvant amener à diversifier l'offre, mieux communiquer, ou d'une manière générale à unir ses forces dans un objectif de croissance ont-elles été exploitées ?

☐ Oui

☐ Non

Préconisations : Action 11.

POINT RÉCAPITULATIF
Quels points d'amélioration ou de vigilance ont été mis en évidence par les questions ci-dessus ?

ACTIONS ENVISAGEABLES
☐ Action 1 : Se former et former ses collaborateurs   ☐ Action 2 : Externaliser une compétence   ☐ Action 3 : Internaliser une compétence   ☐ Action 4 : Demander conseil et échanger   ☐ Action 5 : S'informer et s'autoformer   ☐ Action 6 : Mieux gérer son temps   ☐ Action 7 : Déléguer et faire confiance aux collaborateurs   ☐ Action 8 : Trouver une meilleure implantation pour l'entreprise   ☐ Action 9 : Rechercher des financements   ☐ Action 10 : Réduire les coûts fixes   ☐ Action 11 : Mettre en place des alliances   ☐ Action 12 : Renégocier des contrats   ☐ Action 13 : Repositionnement tarifaire/repositionnement des devis   ☐ Action 14 : Rechercher de nouveaux marchés et débouchés   ☐ Action 15 : Améliorer les délais de paiement   ☐ Action 16 : Formaliser l'argumentaire commercial   ☐ Action 17 : Élaborer une enquête de satisfaction   ☐ Action 18 : Mettre en place des outils de communication adaptés   ☐ Action 19 : Engager des actions commerciales adaptées   ☐ Action 20 : Fidéliser sa clientèle   ☐ Action 21 : Effectuer une réorganisation interne

- ☐ Action 22 : Réajuster les outils de ressources humaines
- ☐ Action 23 : Modifier la valeur perçue par le client
- ☐ Action 24 : Fixer un niveau de prix non rentable pour les concurrents
- ☐ Action 25 : Protéger ses ressources et ses technologies
- ☐ Action 26 : Innover

ACTIONS

Action 1 : Se former et former ses collaborateurs

Descriptif

Acquérir des compétences par le biais d'un apprentissage. Pouvoir internaliser plus efficacement certaines tâches auparavant mal réalisées ou sous-traitées.

Actions à engager

1. Vérifier la pertinence de prendre en charge la compétence et les tâches associées

2. Rechercher et identifier des formations adaptées (thème, durée…)

3. Contacter votre organisme paritaire collecteur agréé (OPCA) ou votre fonds d'assurance formation (FAF) afin de vérifier les possibilités de prise en charge financière

4. Estimer les coûts directs et indirects de la formation (tarif de la formation, frais de transport, d'hébergement, impact financier sur le chiffre d'affaires de l'entreprise)

5. Planifier votre formation en recherchant à minimiser son impact sur l'activité de l'entreprise

6. Vérifier l'impact sur l'activité après la période de mise en place

Indicateurs de résultats

Évolution du chiffre d'affaires, estimation du gain de temps (par semaine, par mois), économies réalisées en cas de tâches sous-traitées.

Conseils

- La formation est un outil important pour l'entreprise, qui peut à la fois engendrer de la motivation mais également permettre de rester compétitif et performant. Attention cependant à bien analyser l'intérêt de la prise en charge des nouvelles compétences ciblées (pour ce qui est du temps notamment et du coût). Vérifiez que cette compétence ou que les tâches associées ne peuvent pas être prises en charge par une autre personne plus qualifiée ou faire l'objet d'une externalisation. La formation permettra-t-elle de faire mieux à un coût équivalent ou moindre ?

- N'oubliez pas que le temps est précieux pour une petite entreprise et que suivre une formation a un coût direct (tarif de la formation) et un coût indirect (le temps de formation impacte directement l'activité de l'entreprise et son chiffre d'affaires). Une formation doit toujours engendrer une organisation interne plus efficace.

- Il est important que chaque collaborateur de l'entreprise se concentre sur son cœur de métier et sur les tâches générant la plus grande valeur ajoutée. Optimiser son temps, c'est également savoir s'entourer et limiter son champ d'action.

- L'entreprise cotise obligatoirement à un organisme paritaire collecteur agréé (pour les salariés) ou à un fonds d'assurance formation (pour les non-salariés) qui sont en mesure d'aider financièrement dans le cadre de la mise en place d'un parcours de formation. Ceci est un droit pour toute entreprise.

- Il est nécessaire de planifier au mieux la formation. Ainsi, certaines périodes d'activités creuses peuvent être idéales afin de minimiser l'impact financier sur l'entreprise.

- Suite à la formation, il sera indispensable de mettre en place une évaluation de l'impact sur le chiffre d'affaires de l'entreprise ou le gain de temps engendré par la prise en charge de cette compétence. Selon le résultat, d'autres solutions comme l'externalisation, le recrutement, la sous-traitance devront être envisagées (cf. Actions 2 et 5).
- La formation est avant tout un investissement sur l'avenir qu'il convient d'optimiser.

Liens utiles

www.cci.fr : Informations générales sur les formations, les aides, et l'accompagnement de la chambre de commerce et d'industrie. Contacter l'antenne locale pour des informations sur les formations et réunions d'information disponibles.

www.artisanat.fr : Informations générales sur les formations, les aides, et l'accompagnement de la chambre des métiers. Contacter l'antenne locale pour de plus amples informations.

www.cgpme.fr : Informations générales à destination des petites entreprises. Contacter l'antenne locale pour des informations sur les formations et réunions d'information disponibles.

www.afpa.fr : Organisme de formation.

www.myformation.fr/opca.php : Pour trouver votre OPCA selon votre code NAF (sinon contacter votre expert-comptable).

Action 2 : Externaliser une compétence

Descriptif

Faire appel à un prestataire extérieur dans la réalisation de certaines tâches ou la prise en charge d'une compétence.

Actions à engager

1. Recenser les tâches et compétences pouvant faire l'objet d'une externalisation

2. Rechercher des prestataires potentiels

3. Vérifier l'impact financier sur votre activité (coût de l'externalisation)

4. Estimer le gain de temps et le gain en productivité engendrés par l'externalisation.

5. Effectuer un test (externaliser la compétence pendant une semaine ou un mois)

6. Vérifier la pertinence sur la période de test

7. Confirmer ou infirmer l'externalisation

Indicateurs de résultats

Évolution du chiffre d'affaires, estimation du gain de temps (par semaine, par mois), coût des prestations.

Conseils

- L'objet d'une externalisation est d'optimiser le temps au sein de l'entreprise et ainsi de gagner en efficacité et productivité. Certaines tâches pénalisent fortement le développement d'une petite entreprise car elles sont effectuées de manière inefficace, ou n'ont aucune valeur ajoutée. L'externalisation reste une solution importante pour les petites entreprises afin de gagner en croissance. Pour déterminer les tâches pouvant faire l'objet d'une externalisation, il sera nécessaire de recenser le temps et l'importance de chaque tâche. Priorité devra être donnée aux tâches et fonctions revêtant les caractéristiques suivantes :

  - fortement consommatrice de temps

  - n'ayant pas de caractère confidentiel ou fortement stratégique

  - demandant une compétence spécifique dont ne dispose pas l'entreprise ou au contraire à faible valeur ajoutée

- Externaliser ne veut cependant pas dire perdre le contrôle. D'où la nécessité de déterminer en amont les tâches pouvant faire l'objet de l'externalisation et le risque associé. Il est important de noter qu'une externalisation judicieuse correspond généralement à une charge variable pour l'entreprise. Les gains de temps, d'énergie et de productivité engendrés par une externalisation donnent souvent lieu à une croissance du chiffre d'affaires couvrant largement le risque et le coût associés. Externaliser ne doit donc pas être tabou. Un bon chef d'entreprise est avant tout une personne qui sait s'entourer et trouver les ressources adaptées. Cela nécessite cependant une prise de recul sur le fonctionnement et la recherche de l'efficacité.

- Une période de test de l'externalisation sera indispensable afin de valider l'intérêt et l'efficacité de la nouvelle organisation. Ne pas perdre de vue que certaines externalisations peuvent mettre du temps et nécessiter une phase d'apprentissage. Il sera impératif de ne pas trop restreindre cette période d'essai. L'échange d'informations et la communication avec le prestataire sont un gage incontestable de réussite.

- Les tâches administratives – comptabilité, secrétariat, service après-vente – sont souvent les plus chronophages au sein des petites entreprises et les plus adaptées à une externalisation. La partie commerciale, qui fait souvent défaut aux petites entreprises, peut également être externalisée à travers une force de vente supplétive, par exemple.

Liens utiles

www.evoliz.com : Outil de gestion simple et intuitif pour les entreprises.

www.fr.cpm-int.com : Force de vente supplétive (externalisation de la fonction commerciale). CPM est leader du marché mais de nombreuses autres entreprises sont présentes.

Action 3 : Internaliser une compétence

Descriptif

Engager une personne susceptible de prendre en charge une compétence ou des tâches spécifiques. Il s'agit de mettre en place une modification organisationnelle afin de gagner en performance.

Actions à engager

1. Recenser les tâches et compétences pouvant faire l'objet d'une internalisation

2. Créer une fiche de poste en s'assurant de la cohérence vis-à-vis de l'organisation de l'entreprise

3. Déterminer la contractualisation idéale (stagiaire, contrat de travail...) en fonction des caractéristiques de la fiche de poste

4. Contacter Pôle emploi ou faire appel à votre réseau pour les métiers plus spécifiques afin d'engager une recherche de candidats

5. Pour les recherches de stagiaire(s), identifier les formations dans le domaine de compétence et contacter les écoles

6. Présélection des candidatures

7. Entretiens d'embauche

8. Rédaction du contrat de travail

9. Période d'essai

10. Validation de la pertinence de l'action à partir des indicateurs de résultats

Indicateurs de résultats

Impact sur le chiffre d'affaires, estimation du gain de temps (par semaine, par mois), productivité du nouveau collaborateur (indicateur à déterminer par le chef d'entreprise selon les tâches et missions assignées).

Conseils

- Pour beaucoup de chefs d'entreprise, recruter est la solution privilégiée afin d'assurer le développement et la croissance de l'entreprise. Cette solution peut s'avérer risquée pour une petite entreprise, fortement dépendante de l'efficacité d'un nouveau collaborateur. Le risque associé au recrutement est donc important et doit être minimisé de différentes manières :

  - privilégier une contractualisation souple et flexible avec le nouveau collaborateur

  - déterminer une fiche de poste précise, recensant l'ensemble des tâches assignées

  - s'assurer de la pertinence de la nouvelle organisation

- Il est impératif de faire un travail en amont du recrutement sur l'organisation interne de l'entreprise, en cherchant à déterminer les tâches pertinentes à déléguer (pour lesquelles le dirigeant a une forte aversion ou n'a pas de compétence particulière).

- La notion de délégation est primordiale pour assurer l'efficacité de la nouvelle recrue. Savoir déléguer les bonnes tâches est gage de performance. Le management du nouveau collaborateur sera également générateur de contraintes en ressources humaines qu'il convient de ne pas négliger ni de sous-estimer (cf. Action 7).

- Le type de contractualisation est important car il détermine le niveau d'engagement de l'entreprise. Pour des tâches ponctuelles à faible valeur ajoutée, il est envisageable de faire appel à de l'externalisation (cf. Action 2), à des contrats à durée déterminée, aidés (contrats appuyés financièrement par l'État) ou à l'intégration de stagiaire(s).

- Pour une mise en place plus pérenne, prévoyez néanmoins une période d'essai permettant de vous assurer de l'efficacité et de la bonne intégration du nouveau collaborateur. Un bilan de fin de période d'essai est indispensable pour vérifier les indicateurs de résultats.

- Faire appel à un groupement d'employeurs ou à l'intérim peut être une bonne solution pour ce qui est de déléguer des tâches ne nécessitant pas un emploi à plein-temps.

Liens utiles

www.booster-entreprise.com : De nombreux outils en téléchargement gratuit sont disponibles sur le site internet associé à l'ouvrage (modèles de fiches de poste, d'entretiens d'embauche...)

www.pole-emploi.fr : Un guide des contrats de travail et du recrutement est proposé par Pôle emploi.

www.ugef.fr : Union des groupements d'employeurs regroupant informations générales et recensant les groupements locaux.

Action 4 : Demander conseil et échanger

Descriptif

Rechercher des sources d'informations pertinentes : réseaux de chefs d'entreprises, spécialistes, conseillers, accompagnateurs. Échanger afin de pouvoir prendre des décisions éclairées et de gagner en objectivité.

Actions à engager

1. Déterminer les réseaux, associations et personnes ressources de l'entreprise (expert-comptable, banquier, conseillers, associations...)

2. Prioriser vos attentes vis-à-vis de ces personnes ressources et réseaux (échanges, recommandations d'affaires, conseils, lobbying...)

3. Participer et tester les différents réseaux et partenaires

4. Se concentrer sur les manifestations et réseaux répondant le plus à vos attentes

5. Mobiliser et solliciter l'aide et les conseils de ce cercle de personnes ressources dès que vous en éprouvez le besoin.

Indicateurs de résultats

Nombre de contrats, ventes ou recommandations engendrés par le réseau, gain de temps dans le cadre de la recherche d'informations.

Conseils

- L'isolement et le manque de recul sont les deux principaux freins au développement des petites entreprises. Un chef d'entreprise qui réussit est un chef d'entreprise qui sait s'entourer et suivre des conseils. On apprend de ses erreurs, mais on apprend également des erreurs des autres.

- Rechercher et provoquer la confrontation et l'échange avec des personnes ressources (chefs d'entreprises plus expérimentés, banquiers, consultants, spécialistes...) pour multiplier les avis éclairés et objectifs.

- Il convient de privilégier les réseaux et associations de chefs d'entreprises locaux pour plus de pertinence et d'impact. Il est également indispensable de contacter les chambres consulaires (chambre de commerce et d'industrie ou chambre des métiers et de l'artisanat) qui recensent généralement ces associations et sont des acteurs incontournables du conseil et de l'animation économique.

- Attention à bien vérifier la pertinence et l'intérêt de participer aux différentes actions et animations. Cela peut être fortement chronophage et l'intérêt peut être minime par rapport aux contraintes. Déterminer en amont ce que vous attendez de ces organismes (gagner en objectivité, échanger, avoir des moments conviviaux, prospecter...).

- Le démarchage commercial par le biais du réseau est rarement efficace sur le court terme. Les Business Meetings par exemple sont souvent des manifestations où tous les acteurs ont quelque chose à vendre mais où personne ne souhaite acheter.

- N'oubliez pas que le banquier et l'expert-comptable sont deux personnes de confiance et deux sources d'informations importantes de l'entreprise. Les proches sont également susceptibles de faire prendre du recul sur de nombreuses problématiques.

- Un bon chef d'entreprise n'est pas un spécialiste de tous les domaines de compétences mais un généraliste sachant s'entourer et mobiliser des ressources adaptées.

Liens utiles

www.cci.fr et www.artisanat.fr : Les chambres de commerce et d'industrie et chambres de métiers sont fortement impliquées sur l'animation et l'échange à destination des entreprises. + Antennes locales.

www.cgpme.fr : La CGPME organise de nombreuses manifestations afin de permettre aux entreprises d'échanger et de gagner en objectivité. + Antenne locale.

www.bnifrance.fr : Réseau de recommandation d'affaires. + Antenne locale.

www.jeunesdirigeants.fr : Réseau de jeunes dirigeants présents sur l'ensemble du territoire national.

Action 5 : S'informer et s'autoformer

Descriptif

Acquérir des compétences et connaissances par le biais de sources d'informations professionnelles adaptées.

Actions à engager

1. Lister les centres d'intérêt et les domaines de compétences que vous souhaitez développer

2. Recenser les informations indispensables, les informations secondaires et les mauvaises informations en déterminant leur provenance.

3. Sélectionner ou rechercher les sources d'informations pertinentes (indispensables et secondaires) (sites internet, ouvrages ou presse spécialisée).

4. Éliminer les sources de mauvaises informations (blocage des emailings, newsletters, filtrage de la presse non pertinente, arrêt de certains abonnements...)

5. Pour ce qui est des domaines de compétences spécifiques, lister les sites internet d'apprentissage en ligne (e-learning)

6. Déterminer la fréquence de consultation de ces sources d'informations en s'astreignant une plage horaire et une récurrence

Indicateurs de résultats

Gain de productivité, gain de temps.

Conseils

- Nous sommes actuellement dans une société de surinformation. Le nombre incalculable de sources d'informations (presse, télévision, ouvrages professionnels et surtout newsletters, emailings, bibliothèques en ligne, communication institutionnelle...) le prouve. Il convient donc de filtrer et d'optimiser ces sources.

- L'enjeu est de mieux s'informer sans pour autant plus s'informer. Rationaliser le temps consacré à l'information et à la formation est l'enjeu de cette action. Il convient au préalable de déterminer :

  - les informations indispensables à la réalisation de votre travail (évolutions législatives, technologiques, concurrence...)

  - les informations secondaires auxquelles vous souhaitez consacrer du temps (développement d'un savoir, d'une connaissance, d'une compétence, de loisirs...)

  - les mauvaises informations (aucun impact, ou bien négligeable, consommateur de temps)

- Il convient de privilégier les sources d'informations spécialisées en lien avec vos centres d'intérêt ou les domaines de compétences que vous souhaitez approfondir. Et bannissez les lectures, newsletters et emailings non pertinents qui polluent votre quotidien et impactent votre productivité.

- Pour le développement de compétences spécifiques, des solutions d'apprentissage en ligne sont désormais disponibles sur internet ou via des logiciels (e-learning). L'avantage est alors de pouvoir se former tout en maîtrisant le temps d'apprentissage et le coût. Pour mettre en œuvre cette solution, il sera indispensable de s'astreindre à une certaine rigueur organisationnelle.

- Ne pas se disperser et regrouper au maximum le temps consacré à s'informer ou à se former (une fois tous les deux jours est souvent largement suffisant.

Liens utiles

www.laformationpourtous.com : Service de e-learning payant et très complet.

www.planete-capte.fr : Planète Capte propose des formations payantes en ligne axées sur le métier de chef d'entreprise.

www.lecoindesentrepreneurs.fr : Site d'information à destination des jeunes entreprises et entreprises en développement.

Action 6 : Mieux gérer son temps

Descriptif

Optimiser son temps afin d'en faire davantage et de manière plus efficace. Être plus performant et donc plus productif.

Actions à engager

1. Déterminer vos plus grandes sources de dérangement (téléphone, email, collaborateurs...)

2. Identifier les tâches vous procurant une satisfaction et celles qui vous paraissent les plus pénibles

3. Déterminer les tâches récurrentes et répétitives susceptibles d'être groupées (réponse aux emails, prestations extérieures, facturations, rendez-vous, réunions...)

4. Réorganiser votre agenda hebdomadaire par plages en groupant les tâches récurrentes et similaires et en éliminant certaines sources de dérangement

5. Vous doter d'outils de planification et de gestion adaptés à vos besoins (agenda papier, Outlook...)

6. Informer vos collaborateurs et clients de la nouvelle organisation et des nouvelles règles s'ils sont directement impactés

7. Tester vos nouvelles règles de conduite et votre agenda sur quelques semaines

8. Évaluer sa pertinence

Indicateurs de résultats

Gain de temps par une meilleure organisation, plus grande disponibilité d'esprit, gain de productivité.

Conseils

- Être performant plutôt qu'occupé est un art. Ne gaspillez pas votre temps, c'est le bien le plus précieux de l'entreprise.

- Une bonne gestion du temps implique de prioriser des tâches et d'organiser son quotidien. L'imprévu et l'urgent sont les fléaux de l'efficacité et ils font partie du quotidien des petites entreprises. Or, après analyse, il existe peu ou pas d'urgences ne pouvant attendre quelques heures ou jours pour être traitées.

- Lorsque l'on travaille, il faut se concentrer sur la tâche en cours et éviter d'être dérangé (téléphone, demande imprévue, email...). Chaque interruption est totalement néfaste à la productivité car elle influence directement la concentration. Ces effets néfastes liés aux interruptions diminuent sensiblement la productivité (environ 30 %). Ainsi, il est souvent intéressant de procéder par regroupement de tâches :

    - consulter et répondre aux emails par plage horaire fixe

    - grouper ses rendez-vous

    - passer ses appels téléphoniques par plage horaire fixe

    - se fixer des heures pour le travail administratif, la facturation...

- Établir une facture par jour prend trois fois plus de temps que d'effectuer une fois cinq factures par semaine.

- Créer ainsi un agenda sur une semaine type à partir de ces nouvelles règles en prenant garde à ne pas mélanger les tâches dites pénibles de celles procurant de la satisfaction. De la satisfaction professionnelle dépend aussi la performance.
- Il est possible d'économiser plusieurs heures de travail par semaine par une simple réorganisation.
- Limiter les réunions. Le syndrome de la réunionnite ronge la plupart des entreprises et collectivités. La performance de l'entreprise est certainement particulièrement sensible et dépendante de ce mal. Privilégiez les emails, coups de téléphone ou à défaut des réunions éclairs. Toujours établir une durée, un ordre du jour et un objet.
- Les petites entreprises nécessitent de la pluridisciplinarité. Mais ceci ne signifie pas pour autant réaliser cinq tâches en même temps. Si vous êtes performant, l'entreprise le sera également.

Liens utiles

www.mindmapping.com/fr : Le Mind Mapping est une méthode d'organisation du travail (prise de notes, gestion de projet...) permettant entre autres des gains de temps et d'efficacité.

www.doodle.com/bookme : Outil en ligne permettant une gestion de planning de prestations à destination des clients.

www.doodle.com : Pour organiser vos réunions en ligne. Très utile lorsque les réunions regroupent plusieurs participants.

www.evernote.com/intl/fr : Outil permettant de tout sauvegarder, annoter, classer pour plus d'efficacité et des gains de temps.

Action 7 : Déléguer et faire confiance aux collaborateurs

Descriptif

Confier des tâches à des collaborateurs dans le but de se recentrer sur des missions plus stratégiques ou davantage en accord avec ses compétences professionnelles. Améliorer l'organisation interne de l'entreprise.

Actions à engager

1. Identifier les tâches les plus éloignées de votre niveau de compétences

2. Recenser les tâches pour lesquelles vous avez une réelle aversion et une faible valeur ajoutée

3. Faire un point sur les niveaux de compétences de vos collaborateurs (fiches de postes ou connaissance de leurs compétences)

4. Déterminer les collaborateurs les plus compétents pouvant prendre en charge les tâches répertoriées

5. Proposer aux collaborateurs la nouvelle organisation et s'assurer de leur adhésion

6. Déterminer des objectifs et les modalités de suivi de la délégation

7. Tester la nouvelle organisation sur quelques semaines et faire un point avec le(s) collaborateur(s)

8. Évaluer sa pertinence

9. Informer l'ensemble des personnes concernées de la prise d'effet de la nouvelle organisation

Indicateurs de résultats

Gain de temps par une meilleure organisation, plus grande disponibilité d'esprit, gain de productivité.

Conseils

- La difficulté à déléguer pénalise souvent le développement des petites entreprises. Le dirigeant, par mauvaise habitude, souhaite conserver la mainmise sur l'ensemble de l'entreprise et de son fonctionnement alors que son rôle consiste à accompagner et à se centrer sur les décisions plus stratégiques.
- Attention, déléguer ne signifie pas perdre le contrôle, mais assigner à une tâche ou à une mission la ressource la plus adaptée au sein de l'entreprise.
- Pour mener à bien la délégation, le responsable doit acquérir des compétences en management afin de tirer le meilleur de ses collaborateurs, s'assurer de leur adhésion et ainsi permettre des gains de productivité. Quelques principes de bases sont à retenir pour un management adapté et performant :

- Être plutôt directif vis-à-vis des collaborateurs à faible autonomie

- Être persuasif (directif et encourageant) vis-à-vis des collaborateurs moyennement autonomes

- Être encourageant vis-à-vis des collaborateurs autonomes

- Déléguer en donnant le cadre général pour les collaborateurs fortement autonomes

- Une fois déterminées les tâches et missions à déléguer, il faut prendre le temps d'expliquer l'organisation envisagée, justifier les propositions et tester systématiquement leur mise en place.

- Ne pas oublier que la rémunération du personnel est une charge importante de l'entreprise. Afin de la rentabiliser, il est indispensable de tirer le meilleur parti de ses collaborateurs par un management et une écoute adaptés.

- La confiance est un facteur important de réussite de la délégation. Cela implique de contrôler régulièrement le travail des collaborateurs puis d'espacer ces contrôles au fur et à mesure que la confiance apparaît. Quelques erreurs et un temps de mise en place seront nécessaires à ce changement organisationnel.

- Attention en cas de retour en arrière, car une délégation est perçue comme une preuve de confiance par le collaborateur, ce qui peut accroître sa motivation. Le priver de cette nouvelle mission peut au contraire avoir des effets désastreux sur sa motivation et sa productivité. Ne pas négliger l'aspect humain qu'engendrent les décisions liées à l'organisation interne de l'entreprise. La délégation doit donc permettre au responsable :

    - de se concentrer sur le pilotage et les décisions importantes

    - de mieux gérer son temps

    - de responsabiliser les collaborateurs (développer leurs compétences et leur autonomie)

Liens utiles

www.journaldunet.com/management : Le journal du net regroupe un grand nombre d'articles gratuits sur la thématique du management.

www.managerinprogress.com : Site de e-learning gratuit dans le domaine du management.

Action 8 : Trouver une meilleure implantation pour l'entreprise

Descriptif

Trouver une implantation géographique idéale pour l'entreprise et dans un écosystème adapté.

Actions à engager

1. Identifier les avantages et inconvénients de l'implantation actuelle de l'entreprise

2. Caractériser l'implantation idéale (surface, secteur géographique, coût, possibilité de services mutualisés, accessibilité...)

3. Contacter l'intercommunalité, la chambre de commerce et d'industrie ou chambre des métiers de votre territoire afin de répertorier les hôtels d'entreprises, centres d'affaires, offres immobilières privées ou pépinières d'entreprises

4. Procéder aux différentes visites des lieux présélectionnés

5. Effectuer une analyse avantages/inconvénients pour chaque solution (économie, surcoûts, services mutualisés, conseils, contraintes et coût du déménagement, impôts et taxes...)

6. Évaluer la pertinence d'une relocalisation

Indicateurs de résultats

Coût de transport, coût de location, conditions de travail.

Conseils

- L'implantation géographique de l'entreprise est importante vis-à-vis des clients, mais surtout elle conditionne la croissance de l'entreprise. Il convient par conséquent de se poser régulièrement la question de la pertinence de l'implantation par rapport aux besoins.

- Dans le cadre de la recherche de services mutualisés, de location flexible ou peu coûteuse, s'orienter plutôt vers les hébergements collectifs du type hôtel d'entreprises, pépinière d'entreprises (pour les jeunes entreprises) ou centre d'affaires. Ces hébergements collectifs ont non seulement l'avantage de fournir des services mutualisés (salles de réunion, service affranchissement, standard, accueil) pouvant vous faire gagner du temps, mais ils proposent également des accompagnements et conseils indispensables pour gagner en objectivité et compétences.

- Faites une petite analyse des offres en délimitant le champ de recherche (zone géographique, caractéristiques du bien immobilier, type de contractualisation, coûts...). Contactez ensuite l'intercommunalité (communauté de communes, d'agglomération ou urbaine) de votre secteur qui dispose généralement d'un service développement économique, ainsi que la chambre consulaire de rattachement afin de recenser les offres présentes.

- Dans le cadre de la réflexion, ne pas omettre de prendre en considération le coût du déménagement (changement de statut, déménagement physique et coût d'installation) et l'impact vis-à-vis des clients, des fournisseurs et des salariés.

- Les zones franches urbaines (ZFU) permettent à certaines entreprises de bénéficier d'exonération d'impôts.

- La décision finale de relocalisation doit être prise en cohérence avec la stratégie globale de l'entreprise à court, moyen et long terme.

Liens utiles

www.pepinieres-elan.fr : Site internet du réseau national des pépinières d'entreprises.

https://lannuaire.service-public.fr : Annuaire des administrations permettant de retrouver votre intercommunalité.

http://sig.ville.gouv.fr/Atlas/ZFU/ : Atlas en ligne des zones franches urbaines.

Action 9 : Rechercher des financements

Descriptif

Trouver des moyens financiers dans le but de développer l'entreprise ou de la sauver.

Actions à engager

1. Identifier le montant du besoin en financements de l'entreprise et les motivations (développement ou difficultés)

2. Déterminer les points forts et les points faibles de l'entreprise

3. Réaliser un plan de développement sur trois ans incluant les différents objectifs (nouveaux produits, services, restructuration...) et un prévisionnel financier

4. Informer votre expert-comptable en lui communiquant votre plan de développement pour avis et conseil, puis votre banquier

5. Faire une première recherche des aides mobilisables (prêts d'honneur, aides publiques, prêts bancaires, concours...)

6. Vérifier l'éligibilité de votre entreprise

7. Déposer les différents dossiers auprès des organismes présélectionnés.

Indicateurs de résultats

Prêts, subventions et aides accordés.

Conseils

- Le financement est le nerf de la guerre. Qu'il s'agisse d'une recherche de financement pour développer l'entreprise (nouveau marché, produit, recherche et développement...) ou pour la sauver (manque de trésorerie, défaut de paiement...), certaines règles et procédures doivent être respectées :

- Démontrer une gestion irréprochable en mettant en évidence les différents outils de pilotage de l'entreprise (tableau de bord cf. Annexe 6, plan de trésorerie).

- S'assurer de la crédibilité de l'entreprise et du projet à court, moyen et long terme. Pour ce faire, il est nécessaire de formaliser un plan de développement incluant les points forts et faibles de l'entreprise, ses projets (produits, services, embauches, licenciements, restructuration, partenariat(s)...), un prévisionnel financier sur trois ans. Ce document reste gage de crédibilité auprès des acteurs qui seront sollicités. Il doit donc démontrer la stratégie de l'entreprise, rassurer et être convaincant. C'est la clé de la confiance et le document démontrant la viabilité du projet et la vision stratégique du dirigeant.

- Fort de ce document, commencer par faire part de votre démarche à l'expert-comptable de l'entreprise afin d'avoir un retour, puis en informer ensuite le banquier. Ils seront de bon conseil, pourront vous proposer des solutions ou vous orienteront vers les organismes et aides potentiels.

- Rechercher les aides mobilisables par différents biais (internet, réseau, collectivités...). De nombreux dispositifs sont présents sur le créneau des aides financières. Il est nécessaire de prendre garde aux critères d'éligibilité et à la procédure administrative de chacun. Certaines aides peuvent s'avérer peu intéressantes au regard de l'énergie, du temps et des contraintes qu'elles engendrent. Beaucoup d'entreprises se dispersent en déposant de multiples dossiers de demande de subventions, concours et aides diverses au détriment de leur activité principale. Les aides doivent être perçues comme des leviers de croissance et non comme des solutions miracles. Elles ne garantiront pas la pérennité de votre entreprise qui a vocation à réaliser du chiffre d'affaires et à vendre en répondant à un besoin.

- Ne jamais rechercher de financements sans s'armer d'un réel projet et d'un plan de développement. Le manque de crédibilité serait irrémédiable.

- Avant tout dépôt de dossier, s'assurer de l'impact du mode de financement : contraintes, temps, transfert d'information, taux d'intérêt...

- Un dispositif de médiation de crédit permet aux entreprises ayant des difficultés d'accès aux financements bancaires de se faire accompagner (cf. Liens utiles).

- L'expert-comptable et le banquier sont des sources d'informations et de conseils pour toute recherche de financements.

Liens utiles

www.economie.gouv.fr/aides-aux-entreprises : Répertoire des aides publiques à destination des entreprises.

www.reseau-entreprendre.org : Association de prêts d'honneur (à taux 0) à destination des jeunes entreprises en développement ou des projets de reprise. + Plate-forme locale

www.initiative-France.fr : Association de prêts d'honneur à destination des jeunes entreprises. + Plate-forme locale.

www.franceangels.org : Plate-forme nationale des Business Angels. Ces investisseurs privés investissent dans les entreprises à potentiel de développement.

www.afic.asso.fr : Annuaire des fonds d'investissement.

www.unicer.asso.fr : Association des fonds d'intervention régionaux.

www.mediateurducredit.fr : Site d'information sur la médiation de crédit.

www.aides-entreprises.fr : Portail recensant les différentes aides à destination des entreprises.

www.financeutile.com : Portail de financement des investisseurs responsables.

www.love-money.org : Association de levée de capital gré à gré.

Action 10 : Réduire les coûts fixes

Descriptif

Réduire les charges ou les rendre variables afin de maintenir une certaine réactivité et performance de l'entreprise.

Améliorer la performance économique de l'entreprise par une réduction des charges et permettre une plus grande flexibilité par rapport au marché. Être moins dépendant des aléas du marché en diminuant son seuil de rentabilité (minimum de chiffre d'affaires nécessaire à la survie de l'entreprise).

Actions à engager

1. Lister l'ensemble des charges dites fixes et des charges dites variables (cf. Centre de ressources, indicateurs financiers)

2. Déterminer les charges pouvant faire l'objet d'une flexibilisation ou d'une diminution (coût important, impact minimum sur la qualité de prestation et de travail de l'entreprise)

3. Déterminer les évolutions envisageables (externalisation, cf. Action 7, sous-traitance, renégociation de contrats existants avec les prestataires, suppression...)

4. Estimer les incidences pour chaque décision (coûts engendrés, gain de temps, dépendance contractuelle...)

5. Prendre conseil auprès de son banquier et de son expert-comptable avant de valider les décisions

Indicateurs de résultats

Évolution des charges fixes et des charges variables, évolution de la rentabilité de l'entreprise.

Conseils

- Une meilleure connaissance des charges fixes et variables est indispensable afin de déterminer le niveau de dépendance de l'entreprise par rapport à l'évolution de son activité et par rapport à ses fournisseurs et prestataires. Lister les différentes charges est donc un passage obligatoire permettant une prise de conscience des variables financières ayant une influence forte et nécessitant d'être maîtrisées.

- Analyser les contrats qui lient l'entreprise aux différents prestataires afin de vérifier si les conditions sont encore satisfaisantes (coût, délais et conditions). Ne pas hésiter à faire jouer la concurrence. Demander plusieurs devis ou propositions (au moins trois) afin de juger de la compétitivité de vos contrats.

- La renégociation de certains contrats peut amener des économies importantes (cf. Action 12).

- Les frais généraux (téléphones, véhicules, photocopies...) doivent faire l'objet d'une politique stricte de limitation des dépenses (il est nécessaire de limiter le gaspillage en responsabilisant les collaborateurs et faire des analyses de l'évolution de certaines consommations coûteuses).

- L'externalisation ou la sous-traitance peuvent permettre à l'entreprise, sous certaines conditions, d'accroître sa flexibilité et de limiter les risques liés à l'évolution de l'activité (attention à ne pas engendrer une dépendance trop forte vers un fournisseur ou sous-traitant).

- Chaque option doit cependant être étudiée en estimant les impacts financiers et la qualité du service et du produit de l'entreprise. Tous ces éléments doivent être pris en compte dans le cadre des éventuels contrats qui relieront l'entreprise aux prestataires extérieurs avec pour objectif une réactivité plus forte vis-à-vis de l'activité (possibilité de réduire les charges en cas de diminution et d'augmenter le volume de prestations extérieures en cas de besoin).

- Le banquier et l'expert-comptable sont les référents de l'entreprise et les principales sources de conseils pour ce qui est des décisions ayant un impact financier. Ne pas hésiter à leur demander conseil.

- D'autres solutions doivent être étudiées afin de réduire les coûts et tenter de les rendre variables :

    - faire appel à de l'emploi intérimaire pour certaines tâches ponctuelles (cf. Action 3)

    - faire appel aux groupements d'employeurs

    - mutualiser certaines ressources (cf. Action 11)

    - privilégier la location à l'investissement (leasing de voitures d'entreprise, location de locaux…)

    - opter pour une politique de télétravail limitant les charges fixes

    - des solutions Saas (*Software as a service*) peuvent être envisagées pour les entreprises ayant un fort usage informatique. Ces solutions Saas proposent des locations de logiciels plutôt que le paiement par licences.

Liens utiles

www.rivalis.fr : Solution de pilotage de la gestion de l'entreprise.

www.assurlandpro.com : Comparateur d'assurances professionnelles. Pour vérifier la pertinence et la compétitivité du contrat d'assurance de l'entreprise.

www.locationlongueduree.com : Comparateur d'offres de location longue durée de véhicules.

www.ugef.fr : Union des groupements d'employeurs regroupant informations générales et recensant les groupements locaux.

Action 11 : Mettre en place des alliances

Descriptif

Entente entre deux entreprises concurrentes afin de mettre en commun des moyens et d'atteindre un objectif commun.

Mutualiser des compétences afin de gagner des marchés ou d'avoir un pouvoir de négociation auprès de fournisseurs communs en vue de diminuer les coûts. Les alliances permettent de faire des économies d'échelle, d'améliorer la rentabilité financière ou de faire face à des nécessités d'investissement.

Actions à engager

1. Analyser les compétences et avantages concurrentiels des principaux concurrents (cf. Centre de ressources, analyse de la concurrence)

2. Vérifier la qualité de leurs fournisseurs et prestataires et identifier les prestataires communs aux deux entreprises

3. Déterminer les conséquences pour l'entreprise d'un éventuel rapprochement (importance du pouvoir de négociation auprès des fournisseurs et sous-traitants, gain de crédibilité auprès des clients, gain de compétence)

4. Lister les avantages et les inconvénients d'un rapprochement pour chaque protagoniste

5. Contacter le concurrent armé de votre analyse en axant sur les intérêts d'un rapprochement gagnant/gagnant

6. Négocier les conditions du rapprochement et la forme (informelle, groupement d'intérêts économiques, partenariat, consortium, contrat commercial)

Indicateurs de résultats

Nombre de nouveaux contrats ou clients, évolution des charges.

Conseils

- Un concurrent peut s'avérer un allié de poids dans le cadre du développement de l'entreprise. L'analyse concurrentielle est importante afin de se tenir informé de la stratégie, des produits et services des concurrents mais également des opportunités pour l'entreprise.

- Une analyse plus poussée du mode de fonctionnement des concurrents, de leurs spécificités, de leurs fournisseurs, peut laisser envisager un intérêt mutuel à engager des rapprochements. On est plus puissant à deux que tout seul, notamment pour ce qui est de négocier avec des fournisseurs ou sous-traitants, ou encore de répondre à des demandes ou marchés plus importants.

- Une alliance peut cependant être à double tranchant. On dit qu'il est préférable de s'entourer de ses ennemis, mais encore faut-il prendre ses précautions. Quel que soit l'intérêt du rapprochement, il devra toujours avoir comme objectif un partenariat gagnant/gagnant pour les deux entreprises.

- Prendre l'initiative de la discussion en se munissant d'une analyse pointue de la situation est préférable afin d'être pleinement conscient des enjeux. Privilégier dans la mesure du possible une alliance informelle ou souple avec des clauses de rétractation. Une alliance ne doit en aucun cas priver l'entreprise de sa capacité à agir bien et vite.

- Les alliances peuvent porter sur différents aspects et avoir de multiples objectifs. Les principaux :

    - mise en commun de main-d'œuvre (partage des coûts de main-d'œuvre)

    - réponse commune à des marchés ou appels d'offres (plus grande force de proposition et crédibilité)

    - publicités conjointes (partage des coûts)

    - négociation conjointe auprès de fournisseurs ou prestataires communs (réduction des charges)

    - rentabiliser un investissement lourd en optimisant son fonctionnement (plus grande capacité à amortir)

Liens utiles

https://hautsdefrance.cci.fr/wp-content/uploads/sites/6/2013/11/CCI-Nord-de-France-Guide-m%C3%A9thodologique-mise-en-place-dune-alliance-commerciale-entre-PME-PMI.pdf : Guide juridique de la mise en place d'alliances.

Action 12 : Renégocier des contrats

Descriptif

Améliorer les conditions contractuelles liant l'entreprise à ses partenaires. Vérifier la compétitivité des fournisseurs et sous-traitants par rapport à leurs concurrents dans le but de mettre en place des conditions contractuelles (prix, délais, qualité...) plus avantageuses.

Actions à engager

1. Analyser les principaux contrats qui lient l'entreprise aux fournisseurs et sous-traitants

2. Vérifier le poids des sous-traitants et fournisseurs sur le chiffre d'affaires de l'entreprise (cf. Centre de ressources, indicateurs financiers)

3. Effectuer une recherche sur les offres similaires

4. Comparer les contrats actuels de l'entreprise avec les offres concurrentes (qualité, prix, service après-vente...). Demander des devis si nécessaire (au moins trois)

5. Déterminer le pouvoir de négociation de votre entreprise (fin de contrat, client important, non-respect de certaines clauses par le prestataire...)

6. Contacter les prestataires afin de négocier de meilleures conditions et a minima un alignement sur la concurrence si l'entreprise dispose d'un pouvoir de négociation fort

7. S'assurer des possibilités d'avoir recours rapidement à de nouveaux fournisseurs afin de diminuer les risques de dépendance et de défaillance

8. Analyser la compétitivité de vos prestataires au moins une fois par an

Indicateurs de résultats

Évolution des charges.

Conseils

- La compétitivité de l'entreprise dépend en grande partie de la qualité de ses prestataires et partenaires et des conditions contractuelles (prix, qualité, délais...). Beaucoup d'entreprises négligent cet aspect des choses et se privent ainsi d'un levier de développement fort. En effet, négocier des conditions plus avantageuses entraîne irrémédiablement une amélioration des prestations de l'entreprise, de sa compétitivité et de sa rentabilité.

- Comme toutes les entreprises, les fournisseurs et sous-traitants sont soumis à la concurrence et doivent donc faire évoluer leurs prestations. Il est, à ce titre, primordial de se tenir en veille et de s'assurer de leur compétitivité par rapport à la concurrence. Pour ce faire, l'entreprise doit demander plusieurs devis ou plusieurs propositions commerciales (minimum trois) pour juger de la pertinence des différents contrats.

- Avant d'engager des discussions, l'entreprise doit s'assurer de son pouvoir de négociation par rapport à son prestataire. Certaines variables jouent en faveur d'une renégociation :

  - fin de contrat

- non-respect de certaines clauses par le prestataire

- importance du contrat pour le prestataire

- difficulté de développement

- écart important entre l'offre du prestataire et ses concurrents

- Ces paramètres sont autant d'arguments favorables à une renégociation des clauses contractuelles.

- Développer le chiffre d'affaires sans s'assurer une maîtrise des coûts est un non-sens. La recherche des meilleures offres peut porter à la fois sur le coût, mais également sur la qualité, les délais...

- Il est impératif de raisonner par priorité, en privilégiant l'analyse des contrats les plus importants pour l'entreprise.

- Généralement, une entreprise privilégie un fournisseur par type de produit et service. Il convient cependant d'être prudent quant au risque de dépendance et si possible de disposer d'autres solutions ponctuelles et de secours.

- Vérifier la santé financière de vos prestataires pour anticiper d'éventuels problèmes de commande.

- Le pouvoir de négociation de votre entreprise peut être décuplé par le biais d'une stratégie d'alliance (cf. Action 11).

Liens utiles

www.societe.com : Base d'information générale sur les entreprises.

www.assurlandpro.com : Comparateur d'assurances professionnelles. Pour vérifier la pertinence et la compétitivité du contrat d'assurance de l'entreprise.

www.verif.com : Portail internet recensant des informations financières sur les entreprises.

Action 13 : Repositionnement tarifaire, repositionnement des devis

Descriptif

S'assurer de la rentabilité des prestations par un meilleur positionnement des prix. Tenter d'améliorer la marge de l'entreprise et donc le résultat financier.

Actions à engager

1. Déterminer les coûts et la marge de l'entreprise par produits ou groupes de produits et prestations

2. Déterminer le poids des différents produits et services dans le chiffre d'affaires

3. Vérifier la dépendance de l'entreprise aux différents produits et services qu'elle propose

4. S'assurer du positionnement tarifaire par rapport aux principaux concurrents, et de la perception des clients

5. Vérifier la cohérence tarifaire par rapport à la perception des clients, aux offres concurrentes, à la rentabilité économique

6. Axer l'évolution de l'offre de l'entreprise sur les produits les plus rentables, ou repositionner les prix en fonction des éléments observés

7. Revoir la politique de prix tous les ans

Indicateurs de résultats

Évolution de la marge globale, marge par produit ou prestation.

Conseils

- Le chiffre d'affaires est souvent perçu, à tort, comme l'indicateur de développement d'une petite entreprise. Il n'est en réalité que le reflet d'une évolution d'activité, et non de sa performance. Une augmentation du chiffre d'affaires n'est pas incompatible avec une diminution des marges.

- Une maîtrise des coûts est indispensable pour rester compétitif (cf. Solutions 10 et 12), mais parallèlement, il convient de s'assurer de la pertinence des offres tarifaires de l'entreprise (rentabilité par devis, par produit ou groupe de produits). Chaque prestation doit être rentable (en tenant compte à la fois des charges fixes et des charges variables de l'entreprise). Pour s'assurer de cette rentabilité, des notions de comptabilité analytique doivent être développées : savoir calculer le coût de revient exact pour l'entreprise de chaque produit ou prestation.

- Se doter si possible d'outils de gestion et de suivi de l'activité adaptés. Ces outils facilitent l'analyse et permettent des prises de décision éclairées et réactives.

- Il convient également de prendre en compte l'écosystème de l'entreprise (les offres concurrentes, la perception de ses clients) et de mesurer l'importance et l'impact des décisions tarifaires sur l'activité de l'entreprise.

- Une réflexion globale doit être engagée afin de vérifier la cohérence des prestations de l'entreprise :

  - utilité de conserver chaque produit et service compte tenu de sa rentabilité propre

- repositionnement tarifaire éventuel (augmentation ou diminution) en prenant garde à l'impact sur le marché et aux offres concurrentes

- le prix des prestations de l'entreprise n'est pas figé et doit faire l'objet d'une analyse pointue et régulière afin d'assurer la rentabilité et la survie de l'entreprise.

- La marge de l'entreprise, la sensibilité des clients et les offres concurrentes sont donc les trois éléments à prendre en compte dans le cadre de la détermination du prix optimal.

Liens utiles

www.rivalis.fr : Solution de pilotage de la gestion de l'entreprise.

www.ciel.com : Ciel propose différents logiciels de comptabilité et de gestion facilitant le pilotage de l'activité.

www.ebp.com : EBP propose également des solutions de pilotage, de comptabilité et de gestion à destination des entreprises.

www.evoliz.com : Logiciel en ligne de suivi d'activité, facturation et divers outils de pilotage en mode Cloud computing (logiciel en ligne).

Action 14 : Rechercher de nouveaux marchés et débouchés

Descriptif

Déterminer quels sont les axes d'évolution possible de l'entreprise et de ses prestations : nouveaux clients, adaptation du cœur de métier de l'entreprise à d'autres secteurs d'activité. Trouver de nouveaux débouchés pour ses produits ou services dans le but d'accroître les revenus de l'entreprise.

Actions à engager

1. Identifier les principales caractéristiques des produits ou services ainsi que le savoir-faire de l'entreprise

2. Déterminer l'avantage concurrentiel de l'entreprise

3. Analyser les offres concurrentes et similaires et les axes d'évolution des autres entreprises du secteur

4. Rechercher les applications possibles de l'offre de l'entreprise : offre spécifique pour un secteur d'activité, pour un segment de marché particulier (nouvelle clientèle cible)

5. Quantifier le potentiel de développement de cette nouvelle offre (coût de mise en place, potentiel du marché...)

6. Vérifier l'impact de cette diversification sur l'activité de l'entreprise en termes d'image, de positionnement stratégique

Indicateurs de résultats

Évolution du chiffre d'affaires et du nombre de nouveaux marchés et clients.

Conseils

- Cette solution de développement, autrement connue sous le nom de « diversification », a pour objet de pallier le risque de diminution d'activité (apparition de concurrents, perte d'un avantage concurrentiel...) ou de profiter d'une opportunité de croissance (apparition de nouveaux clients, nouvelles technologies...).

- La diversification peut prendre diverses formes : nouveau produit ou service, nouvelles applications des produits et services existants, mise en place de gammes spécifiques pour de nouveaux clients cibles...

- Rechercher les applications possibles implique de se tenir informé et s'inspirer de l'évolution des concurrents ou entreprises du même secteur d'activité. Une analyse pointue de son marché est gage d'objectivité et souvent source de créativité. La veille concurrentielle et technologique permettra à l'entreprise de faire évoluer son offre, de la développer sans perdre son avantage concurrentiel.

- Les évolutions législatives et juridiques peuvent influencer le marché et donner de nouvelles opportunités de développement.

- Pour une petite entreprise, privilégier les nouveaux débouchés :

  - ne nécessitant pas d'acquisition de nouvelles compétences et savoir-faire lourds (pour limiter les coûts de mise en place et le risque)

  - permettant d'augmenter la notoriété de l'entreprise (nouvelle technologie, procédé ou thématique porteuse)

- démontrant un potentiel de développement important (forte marge, importance du nombre de nouveaux clients)

- Il faudra prendre garde aux impacts négatifs que peut engendrer une diversification mal calibrée sur l'activité de base de l'entreprise :

- perte de la lisibilité pour le client (avoir trop de produits ou services peut avoir des répercussions négatives sur l'image de l'entreprise)

- problème organisationnel au sein de l'entreprise (multiplication des tâches et compétences au détriment de la productivité)

Liens utiles

www.inpi.fr : L'institut national de la propriété industrielle a pour objet d'accompagner et conseiller les entreprises en matière de protection de créations (marques, innovations...).

Action 15 : Améliorer les délais de paiement

Descriptif

Pallier les problèmes de trésorerie par une gestion plus rigoureuse des délais de paiement. Augmenter les délais de paiement fournisseurs et/ou diminuer les délais de paiement clients (conditions générales et défauts de paiement).

Actions à engager

1. Vérifier les conditions contractuelles de délais de paiement avec les fournisseurs (cf. Action 12) ainsi que les délais réglementaires

2. Renégocier ces conditions si nécessaire

3. Faire un point sur l'état des factures et les impayés des clients

4. Mettre en place une procédure de relance client formalisée (courrier, email, téléphone...)

5. Recontacter les « mauvais payeurs » en cherchant à déterminer les principales raisons

6. Analyser les raisons principales de non-paiement des factures

7. Identifier des axes de progrès sur le suivi du paiement des factures

Indicateurs de résultats

Évolution de la trésorerie, évolution du nombre d'impayés.

Conseils

- Les délais de paiement entre entreprises font l'objet d'une réglementation stricte en France fixant une limite légale de paiement. Rien n'empêche cependant de renégocier (cf. Action 12) les délais de paiement fournisseurs tant que le cadre légal est respecté, avec pour objectif de les rallonger.

- Les retards de paiement (délais de paiement clients) et impayés sont également source de difficultés de trésorerie. L'entreprise devra ainsi effectuer un suivi régulier de l'état de ses règlements dans le but d'identifier les factures impayées et de relancer les clients. Une procédure de relance adaptée doit ensuite être mise en place au sein de l'entreprise de manière systématique pour prévenir les retards de paiement. La réactivité est primordiale par rapport aux « mauvais payeurs » car plus le temps de relance est important, plus les risques d'impayés sont grands.

- Plusieurs raisons peuvent engendrer ces défauts de paiement : insatisfaction du client, oubli, difficultés financières. L'entreprise devra ainsi tenir compte de ces problèmes et les recenser afin de ne pas perdre définitivement son dû et de prévenir d'autres difficultés.

- Un reporting rigoureux et régulier de l'état de paiement des factures est indispensable afin de prévenir les risques de trésorerie et de mieux contrôler les délais de paiement clients. Éditer une facture ne signifie pas obligatoirement recevoir le paiement correspondant. Le contrôle est indispensable.

- Certaines solutions automatisées de relance client peuvent être mises en place. Dans la mesure du possible, un contact direct avec les principaux clients est préférable afin d'assurer une personnalisation des réponses. L'entreprise doit cependant rester ferme sur ses modalités de règlement et vérifier l'intérêt de continuer ou non à fournir sa prestation, d'engager une procédure selon le risque encouru.

- La conjugaison d'un allongement des délais de paiement fournisseurs et d'une gestion scrupuleuse des impayés est une des solutions principales permettant à l'entreprise de faire face à des problèmes de trésorerie.

- Pour les impayés importants, faire appel à des organismes spécialisés dans le recouvrement peut être envisagé. L'intervention d'un tiers peu débloquer la situation.

- Des solutions sont envisageables afin de limiter les risques de délais de paiement :

    - insérer des clauses de garantie

    - déterminer des pénalités de retard

    - demander des acomptes

    - effectuer des remises pour les paiements comptant

    - faire appel à des sociétés spécialisées dans l'affacturage (cession de créances pour prévenir les risques)

Liens utiles

www.economie.gouv.fr/cedef/delais-de-paiement-entre-entreprises : Informations légales sur les délais de paiement entre entreprises.

www.lerecouvrement.com : Site d'information sur les procédures et outils de recouvrement de créances.

www.affacturage.comprendrechoisir.com : Guide pratique sur l'affacturage.

Action 16 : Formaliser l'argumentaire commercial

Descriptif

Rendre plus efficace la démarche commerciale de l'entreprise en axant sur les points forts de l'offre et son avantage concurrentiel.

Actions à engager

1. Recenser les caractéristiques de l'offre auxquelles sont sensibles les clients

2. Déterminer l'avantage concurrentiel et les points forts de l'entreprise

3. Lister les principales caractéristiques qui font la différence (ayant une grande importance pour le client et représentant des points faibles chez les concurrents)

4. Définir au mieux les caractéristiques et chercher des éléments concrets, factuels et chiffrés afin de les mettre en évidence

5. Adapter le discours commercial en intégrant les nouveaux arguments commerciaux

6. Intégrer les arguments aux différents supports de communication

7. Observer l'évolution du taux de transformation (pourcentage de ventes par rapport aux devis ou propositions)

Indicateurs de résultats

Évolution du taux de transformation (ventes réalisées par rapport au nombre de contacts) et du nombre de clients.

Conseils

- Un bon produit sans un bon argumentaire commercial est inexploitable. L'objectif d'une entreprise reste de convaincre les clients et d'effectuer des ventes. Les petites entreprises ont tendance à négliger le discours commercial en pensant que la qualité de leur produit et service est évidente et que la communication se fera par la qualité et le « bouche à oreille ».

- Avant toute chose, il convient de déterminer ce qui fait la force du produit ou service et le besoin auquel il répond. Quels sont le bénéfice et l'usage pour le client ? Un questionnaire de satisfaction (cf. Action 17) peut être un bon outil d'analyse du comportement des clients et donner de précieuses indications sur leurs attentes.

- L'avantage concurrentiel a également un impact sur la qualité du discours commercial puisque le client est souvent en mesure de prendre une décision éclairée en comparant les différentes offres du marché. Il doit être clairement présent dans le cadre de la démarche commerciale.

- Les caractéristiques techniques ne représentent pas toujours des argumentaires commerciaux pertinents. Il est indispensable de se mettre à la place du client et d'adapter le discours à son vocabulaire et à ses attentes. Un client n'est souvent pas un expert et il convient, pour plus d'efficacité, de vulgariser l'argumentaire et de se concentrer sur l'usage du produit et service. En terme de discours commercial, des éléments factuels (chiffres, études comparatives…) sont de bons outils pour mettre en évidence les points forts de l'offre.

- Viser la simplicité du discours, ce qui est souvent plus compliqué à réaliser. L'offre doit pouvoir être définie en une phrase sans qu'il y ait d'ambiguïté. Il est nécessaire de se concentrer sur les principaux points forts et les usages dans un premier temps, avant de rentrer dans le détail, si nécessaire.

- Une fois le discours commercial formalisé et les principaux arguments établis, il convient de rendre cohérent l'ensemble de la communication de l'entreprise (discours commercial oral, plaquettes, catalogue, publicités, site internet...).

Liens utiles

www.afecreation.fr : Le site Agence France Entrepreneurs regroupe de nombreuses informations et conseils à destination des jeunes entreprises.

www.actionco.fr : Site généraliste sur le management et le développement commercial.

Action 17 : Élaborer une enquête de satisfaction

Descriptif

Réaliser une enquête afin de rester à l'écoute de ses clients et des évolutions du marché.

Actions à engager

1. Déterminer la cible (ensemble des clients ou certaines catégories)

2. Définir l'objet de l'enquête et l'attente (pour les petites entreprises, raisonner de manière globale)

3. Définir le rythme de diffusion (enquête ponctuelle, annuelle, au fil des ventes)

4. Élaborer l'enquête

5. Choisir le support de diffusion le plus adapté (téléphone, courrier, emailing, face à face)

6. Phase de réalisation selon le rythme prédéterminé et l'objet

7. Analyse des résultats

8. Exploitation : amélioration du fonctionnement de l'entreprise, des outils de communication

Indicateurs de résultats

Évolution du taux de transformation (ventes réalisées par rapport au nombre de contacts) et du nombre de clients.

Conseils

- Quelle meilleure source d'information que le principal intéressé, à savoir le client ? Grand nombre de petites entreprises, par routine, perdent de vue l'objet premier de leur existence : répondre à un besoin. Les besoins des clients et le marché sur lequel évolue l'entreprise sont en perpétuelle évolution. Tout comme l'entreprise doit se tenir informée de la concurrence et de sa stratégie, il lui est vital de rester à l'écoute de ceux qui la font vivre : ses clients.

- Une enquête de satisfaction revêt plusieurs intérêts :

    - démontrer aux clients que l'entreprise est attachée à la qualité de service (communication indirecte mais efficace)

    - recenser les points forts et faibles de l'offre et de l'entreprise

    - rester à l'écoute des besoins des clients

    - s'inspirer des avis et recommandations des clients

- Approfondir les connaissances des cibles de l'entreprise vise donc à améliorer l'ensemble des actions de l'entreprise en termes de produit ou service bien sûr, mais également en termes de pertinence de la communication et de la démarche commerciale (cf. Action 16).

- Définir les éléments sur lesquels doit porter l'enquête de satisfaction : habitudes de consommation, qualité, service, délais, coût, livraison...

- Laisser certaines questions ouvertes (permettant de donner un avis ou conseil) afin de rester à l'écoute de la clientèle et de lui permettre de participer à l'amélioration de l'offre et du discours.

Liens utiles

googleappsfrance.blogspot.fr/2009/08/creer-une-enqueteformulaire-sur-google.html : Outil Google permettant de créer une enquête de satisfaction, de la diffuser et de l'analyser en quelques clics.

Action 18 : Mettre en place des outils de communication adaptés

Descriptif

Trouver les outils permettant de communiquer de manière efficace.

Actions à engager

1. Rechercher les principaux canaux d'information des clients cibles de l'entreprise

2. Vérifier que les supports de communication sont adaptés aux clients cibles de l'entreprise

3. Chercher l'adéquation des supports de communication par rapport à la zone de chalandise de l'entreprise

4. Réaliser les supports en prenant garde à intégrer un argumentaire pertinent (cf. Action 16)

5. Recenser par quel canal d'information chaque client est arrivé

6. Adapter les actions de communication en privilégiant les canaux qui s'avèrent les plus pertinents (à la fois qualitativement et quantitativement)

Indicateurs de résultats

Évolution du nombre de contacts, du nombre de ventes, évolution du budget communication.

Conseils

- Afin de récupérer des prospects, il est nécessaire de communiquer. Mais la recherche de la performance amène avant tout à « bien communiquer ». Pour ce faire, l'enjeu consiste à atteindre les prospects les plus qualifiés, c'est-à-dire les personnes les plus à même de faire appel à votre produit ou service. Les petites entreprises cherchent souvent à beaucoup communiquer et communiquent mal par le biais de supports coûteux et/ou pas adaptés. L'affût de prospects est alors faible ou peu qualifié et donc inefficace, voire pénalisant pour le fonctionnement.

- Communiquer bien et efficacement implique au préalable de déterminer les canaux d'information de vos clients cibles (sites internet, boîtes aux lettres, pages jaunes, salons professionnels, magazines, presse locale, communale, nationale...). Chercher davantage la qualité des supports de communication plutôt que la quantité. La question primordiale reste de rechercher les canaux d'information utilisés par vos clients cibles. Acquérir une meilleure connaissance des habitudes de vos clients est donc important (cf. Action 17).

- Vérifier également la pertinence de ces canaux par rapport à votre zone de chalandise, car rien ne sert de faire une communication nationale si vous intervenez exclusivement dans votre département.

- La communication est un levier de croissance important pour l'entreprise qui doit être optimisé. Une vérification de l'efficacité de chaque action de communication est nécessaire afin de pouvoir améliorer ses performances. Pour ce faire, l'entreprise devra recenser systématiquement par quel canal d'information les clients ou prospects ont été identifiés. Cela permettra de conserver les actions et outils de communication pertinents et de supprimer les autres.

- Les supports de communication renvoient l'image de l'entreprise et doivent donc être clairs, pertinents (cf. Action 16), professionnels et vendeurs. De mauvais supports, peu lisibles, bon marché et visuellement mauvais peuvent être totalement contre-productifs en renvoyant une piètre image de l'entreprise. Attention donc à la qualité de vos supports et actions de communication.

- La mise à jour régulière des supports est nécessaire pour maintenir une bonne image.

Liens utiles

www.1and1.fr : Plate-forme permettant de créer facilement et de mettre en ligne son site internet.

www.fr.jimdo.com : Plate-forme de création de sites internet.

www.vistaprint.fr : Site internet de réalisation de supports de communication et marketing.

www.ooprint.fr : Site de réalisation de supports marketing.

www.canva.com : Création de logos et de supports de communication en ligne.

Action 19 : Engager des actions commerciales adaptées

Descriptif

Trouver des actions pertinentes de prospection.

Actions à engager

1. Déterminer la typologie des clients cibles (âge, sexe, catégorie socioprofessionnelle...)

2. Vérifier leurs principales attentes par rapport à l'offre

3. S'assurer que les clients ciblés ont les mêmes attentes et sont sensibles aux mêmes arguments

4. Le cas échéant, segmenter votre marché (découper votre marché en sous-ensembles homogènes)

5. Adapter votre argumentaire commercial à chaque segment de marché en fonction de ses sensibilités respectives

6. Trouver la meilleure approche commerciale pour chaque segment de marché (prospection physique, téléphonique, distribution de catalogues, recommandation...)

7. Se munir d'un fichier clients à jour et qualifié

8. S'équiper d'outils de gestion des relations clients adaptés

Indicateurs de résultats

Nombre de devis, de commandes, de prospects.

Conseils

- 50 % de la réussite d'une action commerciale réside dans sa préparation : ciblage, adaptation de l'argumentaire commercial, mise en place d'outils adaptés, suivi, relance.

- Chaque action commerciale doit être adaptée au public cible et à ses attentes. Il est donc nécessaire de connaître et de se tenir informé des attentes des clients ou prospects (cf. Action 17).

- Pour gagner en pertinence, l'entreprise doit s'assurer que ses clients cibles disposent des mêmes attentes et sensibilités par rapport à son offre. Chaque client ne consomme pas de la même manière et n'est pas sensible aux mêmes arguments (qualité, prix, usage...). Le cas échéant, il peut être nécessaire de dissocier les actions commerciales et la communication en fonction de la typologie du client afin de gagner en pertinence (segmentation du marché).

- Chaque segment de marché a des habitudes propres de consommation et doit donc être approché de manière différente. Une segmentation de marché doit donc donner lieu à une adaptation du discours commercial et des supports de prospection (téléphone, emailing, fax, salons professionnels, newsletter, événements...). La visite physique est l'outil commercial le plus cher. Il convient donc de l'utiliser à bon escient pour les clients qualifiés.

- Chaque support a des avantages et inconvénients. Il est important de rechercher le plus adapté et de systématiquement analyser les retours (taux de transformation, nouveaux clients, nouveaux contacts). Une traçabilité de chaque action commerciale doit être mise en place en amont afin de vérifier la pertinence et de conserver les actions les plus efficaces.

- Les actions commerciales doivent être cohérentes. Certains outils de gestion des relations clients (CRM) permettent de mieux formaliser l'approche, de vérifier les relances et le suivi. Le fichier clients qualitatif et à jour est primordial quelle que soit sa forme. Selon l'usage, un simple fichier Excel peut suffire.

- L'externalisation de certaines actions commerciales (phoning, emailing...) peut être envisagée en fonction de l'offre de l'entreprise et de sa cible (cf. Action 2).

Liens utiles

www.france-prospect.fr : Portail de prospection commerciale regroupant informations et outils pratiques.

www.popfax.com : Plate-forme proposant entre autres des campagnes de mailing fax (envois en nombre de fax commerciaux).

www.sarbacane.com : Plate-forme destinée à la mise en place de campagne emailing (création, conseils et envois).

www.rapidmail.fr : Site internet spécialisé dans la mise en place de campagne emailing.

www.optinlead.fr : Fichiers de bases de données de particuliers et d'entreprises payants .

Action 20 : Fidéliser sa clientèle

Descriptif

Création d'une relation durable et privilégiée avec ses clients.

Actions à engager

1. Cerner les attentes des clients (cf. Action 17, observation de terrain...)

2. Segmenter la clientèle en fonction des attentes

3. Mettre en place des offres personnalisées

4. Si possible, déterminer les principales raisons pour lesquelles certains clients ont été perdus

5. Mettre en place les outils de suivi et d'analyse des différentes offres

6. Vérifier les retours des différentes offres de fidélisation

7. Adapter en conservant les offres les plus pertinentes

Indicateurs de résultats

Nombre de retours, panier moyen par client.

Conseils

- Fidéliser la clientèle est primordial car source de longévité. Il est plus difficile et coûteux de rechercher de nouveaux clients que de s'assurer de la fidélité de clients existants. Un client qui revient est un client satisfait et il représente la meilleure publicité pour l'entreprise.

- Plusieurs actions de fidélisation peuvent être mises en place en fonction de l'offre de l'entreprise : cadeaux, remises, offres promotionnelles, chèques cadeaux, carte client...

- Personnaliser les offres permet au client de se sentir unique et ainsi de renforcer le lien qui le lie à l'entreprise.

- Chaque action doit cependant être en adéquation avec l'offre de l'entreprise et les attentes des clients. Inutile de proposer un gadget à des clients qui préféreraient certainement une remise, sous peine de produire une frustration ou pire un sentiment de manque de respect.

- Les actions de fidélisation doivent être analysées. Pour ce faire, il est préférable de concevoir les outils d'analyse en amont. Ces derniers peuvent être intégrés aux outils de gestion des relations clients (cf. Action 19).

- Parallèlement aux actions de fidélisation, l'analyse des raisons pour lesquelles l'entreprise perd ses clients est indispensable afin de tenter de remédier à ses principales faiblesses.

- La fidélisation passe par des opérations de sensibilisation ou de rappel. Pour ce faire, des opérations de communication spécifiques comme la mise en place d'offres privilégiées (anniversaire, promotions spéciales...), de newsletters, d'emailings promotionnels, doivent être envisagées.

Liens utiles

www.sarbacane.com : Plate-forme destinée à la mise en place de campagne emailing et de newsletters (création, conseils et envois).

www.rapidmail.fr : Site internet spécialisé dans la mise en place de campagne emailing.

Action 21 : Effectuer une réorganisation interne

Descriptif

Rechercher une plus grande performance au sein de l'entreprise par une meilleure utilisation des ressources.

Actions à engager

1. Vérifier que chaque collaborateur est utilisé au mieux compte tenu de ses capacités et attentes professionnelles

2. Réajuster la répartition des tâches si nécessaire en s'assurant de l'adhésion de l'équipe

3. Fixer des objectifs clairs et adaptés aux collaborateurs

4. Recenser les tâches fortement consommatrices de temps et éloignées des compétences présentes au sein de l'entreprise

5. Recenser les procédures internes pouvant faire l'objet d'un allègement

Indicateurs de résultats

Productivité.

Conseils

- Une des principales sources de performance d'une entreprise réside dans l'adéquation des collaborateurs vis-à-vis de leurs tâches et fonctions. Il est par conséquent important de vérifier que les collaborateurs sont utilisés au mieux compte tenu de leurs compétences.

- La performance d'une entreprise puise sa source dans la mise en place d'objectifs clairs et d'une bonne répartition des tâches et missions. Ainsi, une attention particulière devra être portée aux fiches de postes et à l'organigramme de l'entreprise (cf. Action 22).

- S'assurer de l'adhésion de l'ensemble des personnes concernées par la réorganisation. Cette adhésion est gage de réussite.

- Dans le cas où l'entreprise ne dispose pas, en interne, de toutes les compétences nécessaires à sa bonne gestion ou à la réalisation de ses missions, des solutions d'internalisation ou d'externalisation sont envisageables (cf. Actions 2 et 3).

- La capacité de réaction et la flexibilité sont les forces des petites entreprises. Il convient alors de maintenir une certaine légèreté de fonctionnement pour les conserver tout en tendant vers une recherche de l'efficacité. À ce titre, des procédures, des règles de fonctionnement interne doivent être mises en place. Ces dernières ne doivent en aucun cas alourdir exagérément le fonctionnement de l'entreprise. Elles doivent être appropriées et justifiées. Pour s'en assurer, l'entreprise doit vérifier l'utilité des procédures existantes ou à mettre en place (gain de temps, obligation administrative, amélioration de gestion...).

- La simplification des procédures administratives et l'efficacité interne doivent être les moteurs de la réorganisation. Les lourdeurs administratives sont les fardeaux des grandes entreprises. Elles ont une incidence sur la performance et sont sources de coûts importants. Les petites entreprises ne doivent pas commettre l'erreur de prendre en exemple le fonctionnement administratif d'entreprises plus importantes.

- Les nouvelles technologies, lorsqu'elles sont utilisées de manière adéquate, peuvent permettre un allègement des procédures internes (automatisation des procédures de commandes, relances clients, rappels...). La mutualisation des ressources en interne par des solutions informatiques appropriées permet également un gain de temps, une sécurisation et une meilleure réactivité.

Liens utiles

www.evoliz.com : Logiciel en ligne de suivi d'activité et facturation. La solution en ligne propose également la mise en place de certaines tâches automatisées comme les relances.

www.dropbox.com/business : Solution informatique de transfert, partage et sécurisation des données en ligne.

Action 22 : Réajuster les outils de ressources humaines

Descriptif

S'assurer de la conformité et de la pertinence des outils de gestion du personnel.

Certains documents sont obligatoires au sein d'une entreprise employant au moins un salarié. D'autres s'apparentent davantage à des outils de management.

Actions à engager

1. S'assurer que chaque collaborateur dispose d'une fiche de poste

2. Mettre en place des entretiens annuels d'évaluation

3. Vérifier que l'entreprise dispose de l'ensemble des documents obligatoires (affichage et obligations sociales)

4. Se procurer et prendre connaissance de la convention collective de rattachement

5. Rendre cohérents les documents contractuels et pratiques de l'entreprise avec la convention collective.

6. Rester en veille régulière sur l'évolution législative (droit du travail et convention collective de rattachement)

Indicateurs de résultats

Productivité.

Conseils

- La fiche de poste recense l'ensemble des informations concernant la fonction, les tâches et les conditions de travail du collaborateur (cf. Centre de ressources, Fiche de poste). Elle doit refléter la réalité des fonctions du collaborateur et être mise à jour régulièrement (chaque année) dans le cadre de l'entretien annuel d'évaluation.

- Les petites entreprises négligent souvent l'intérêt de l'entretien annuel d'évaluation jugé lourd et peu adapté. Il doit cependant être perçu comme un réel outil de management, permettant de faire un point et d'améliorer le fonctionnement interne de l'entreprise. Il est le garant d'un dialogue au sein de l'entreprise, généralement inexistant dans le quotidien et la routine de l'activité.

- Différents points doivent être évoqués lors de l'entretien annuel, afin de s'assurer de son efficacité :

  - Vérifier l'adéquation de la fiche de poste avec la réalité des fonctions exercées

  - Établir un bilan de l'année écoulée (en axant sur des indicateurs quantifiables)

  - Fixer de nouveaux objectifs (en axant sur des objectifs quantifiables)

  - Recenser les projets à court terme du collaborateur (formation, rémunération, évolution de poste)

- L'entretien annuel est perçu par les collaborateurs comme un espace ouvert de discussion dans lequel ils peuvent donner leur avis. Il convient donc de capitaliser sur cet outil de dialogue qui peut ouvrir de nouvelles réflexions sur le fonctionnement interne, une éventuelle réorganisation, un repositionnement stratégique...

- Certains documents sont obligatoires en matière de ressources humaines, y compris pour les petites entreprises :

  - Document unique : document évaluant l'ensemble des risques professionnels (pour toute entreprise ayant au moins 1 salarié)

  - Les contrats de travail et toutes les pièces relatives à l'emploi du ou des salariés

- Ne pas omettre de faire un point régulier sur les obligations légales d'affichage au sein de l'entreprise.

- La législation et le droit du travail en particulier évoluent régulièrement, ce qui nécessite de se tenir régulièrement informé des diverses obligations légales.

- La convention collective de l'entreprise est un document clé en matière de ressources humaines. L'entreprise doit s'assurer de la cohérence de ses pratiques, de ses documents (contrats de travail) vis-à-vis de cette convention.

Liens utiles

www.tpe-lorraine.fr/tpe/index.php?id=mallette-rh : Guide pratique et outils de ressources humaines.

www.entreprises.cci-paris-idf.fr/web/rh/guide-des-obligations-sociales : Guide des obligations sociales des entreprises.

www.booster-entreprise.com : De nombreux outils en téléchargement gratuit sont disponibles sur le site internet associé à l'ouvrage (modèles de fiches de poste, d'entretiens d'embauche...).

Action 23 : Modifier la valeur perçue par le client

Descriptif

Intégrer et valoriser un concept afin d'améliorer la perception du produit ou service par le client.

Actions à engager

1. Analyser la sensibilité des clients vis-à-vis du produit ou service

2. Selon la typologie du client ou les segments de marché prédéterminés, rechercher les valeurs ou centres d'intérêt communs

3. Prédéterminer les concepts, procédés et valeurs pouvant être intégrés au produit ou à sa mise en œuvre

4. Élaborer une enquête (formelle ou informelle) afin de vérifier si les valeurs et concepts sont susceptibles de modifier de manière significative et positive la perception des clients

5. Adapter et mettre à jour les supports et outils commerciaux et de communication en intégrant les nouvelles données

Indicateurs de résultats

Évolution des ventes, nombre de contacts, taux de transformation des devis, retombées presse.

Conseils

- L'intégration de thématiques porteuses et pouvant améliorer l'image de marque de l'entreprise et la perception du client (économie sociale et solidaire, bio, responsabilité sociale des entreprises, environnement, nouvelle technologie...) est un élément différenciant et pouvant engendrer une croissance importante. Elle démontre à la fois un aspect innovant de l'entreprise et met en évidence des valeurs partagées avec ses clients.

- Afin de déterminer les éléments clés à intégrer ou mettre en évidence, il convient de repartir de la perception qu'ont les clients du produit et du service, mais également de mieux connaître les habitudes de consommation et les valeurs de ces derniers.

- Les concepts et valeurs peuvent être intégrés de diverses manières : dans le process de production ou de réalisation, dans le fonctionnement de l'entreprise, par le biais d'une politique d'achat spécifique... Il ne faudra pas négliger l'impact que cette initiative pourra avoir sur le fonctionnement et les dépenses de l'entreprise.

- La modification de la perception du client par rapport au produit et au service doit donc conduire à la création d'une nouvelle valeur. Pour s'en assurer, il convient de tester cette nouvelle perception auprès des clients et de quantifier l'impact au niveau qualitatif (meilleure appréciation) et quantitatif (les nouvelles valeurs sont-elles en mesure d'engendrer une évolution des prix ?).

- La nouvelle valeur apportée représente un argument commercial de plus qui devra apparaître clairement dans le discours commercial et les supports et outils de communication (cf. Actions 16 et 18).

- Une labellisation ou la mise en place d'une norme garantissant une qualité ou l'intégration d'une valeur peuvent être des sources importantes de modification de la valeur client.

- Une campagne média (qu'elle soit locale ou nationale) peut-être plus facilement envisagée sur des thématiques porteuses et ainsi donner un nouvel élan à l'entreprise.

Annexes

www.iso.org/iso/fr/home.htm : Site de l'organisation internationale de normalisation présentant les différentes démarches et normes.

www.consoglobe.com/guide/labels : Annuaire des labels.

Action 24 : Fixer un niveau de prix non rentable pour les concurrents

Descriptif

Engager une politique de prix bas afin de dissuader de futurs concurrents.

Actions à engager

1. Engager une politique de maîtrise des coûts

2. S'assurer que les concurrents ou futurs concurrents ont des coûts de production supérieurs

3. Vérifier que le prix est une composante essentielle de la sensibilité du client

4. Revoir sa politique de prix

5. Vérifier l'impact sur l'activité et les concurrents

Indicateurs de résultats

Évolution des ventes, évolution de la marge, nombre de concurrents.

Conseils

- La concurrence par le prix reste une stratégie risquée pour les petites entreprises. Même si elles disposent généralement d'une meilleure maîtrise et flexibilité des coûts, cela engendre inéluctablement une diminution des marges.

- Cette stratégie est principalement utilisée sur du court terme afin de dissuader les futurs entrants sur le marché. Un niveau de prix bas engendre une remise en cause de la viabilité économique de l'entreprise sur le marché.

- Dans le cadre d'une concurrence active par le prix, la subsistance même de l'entreprise se fait par la maîtrise des coûts qui garantit une marge. Une décision de diminution des prix doit donc engendrer une réflexion sur la diminution et l'optimisation des coûts (cf. Action 10).

- Il convient de s'assurer que le prix du produit ou service est un argument important auprès des clients. Même si la diminution des prix a avant tout vocation à dissuader les concurrents ou futurs concurrents, elle devra idéalement être compensée par une augmentation des ventes. Moins de marges pour plus de clients pour minimiser le risque.

- Le prix donne diverses indications aux clients, y compris sur sa perception de la qualité. Une diminution des prix ne doit pas être engagée si elle va à l'encontre de la stratégie de l'entreprise. Ainsi, si le produit ou service se veut haut de gamme, une diminution du prix pourrait avoir un effet négatif sur les ventes.

- Il est interdit de procéder à des ventes à perte (dumping). La vente à des prix inférieurs aux prix de revient est interdite. Il convient par conséquent de prendre ses précautions avant d'engager une concurrence par les prix.

Liens utiles

www.legifrance.com/affichCode.do;jsessionid=11129866823E59C28CE700A2F08D7DC3.tpdjo12v_1?cidTexte=LEGITEXT000005634379&dateTexte=20120216 : Plate-forme juridique reprenant le code de commerce.

Action 25 : Protéger ses ressources et ses technologies

Descriptif

S'assurer de la maîtrise et de la complète propriété de ses ressources (collaborateurs, technologies, nom, concepts...)

Actions à engager

1. Recenser les ressources pouvant faire l'objet d'une protection (nom, marque, technologies)

2. Contacter l'INPI pour vérifier les possibilités de protection

3. Multiplier les sources d'approvisionnement (fournisseurs et sous-traitants)

4. Faire un point sur la gestion et l'usage de la base de données clients (mode de récupération des données, types de données, utilisation...)

5. Se renseigner auprès de la CNIL sur la législation en vigueur concernant l'usage des bases de données

6. S'assurer de la satisfaction professionnelle des collaborateurs (cf. Actions 1, 7 et 22) et des modalités contractuelles

7. Vérifier le niveau d'assurance et de protection du dirigeant

Indicateurs de résultats

Niveau de protection juridique et santé.

Conseils

- Le nom, les marques, les logos, les slogans de l'entreprise sont susceptibles de représenter un capital non négligeable pour l'entreprise. D'autant plus si la notoriété de l'entreprise, de ses produits et services est importante. À ce titre, et comme pour tout patrimoine de valeur, il convient de se prémunir contre d'éventuels problèmes. Ainsi, si l'entreprise en exprime la nécessité, des mesures de protection sont envisageables auprès de l'INPI (institut national des propriétés industrielles).

- Pour ce qui est des technologies ou procédés impliquant une activité inventive propre à l'entreprise et représentant une plus-value, il convient de contacter l'INPI afin de vérifier la possibilité de déposer un brevet.

- Les logiciels informatiques sont, en France, protégés par le biais des droits d'auteur et non des brevets.

- Protéger ses ressources consiste donc à s'assurer de leur pleine maîtrise et propriété. Une autre ressource importante de l'entreprise est l'usage de son fichier clients et sa constitution. Les données et fichiers clients sont réglementés en France. Il convient de se renseigner auprès de la CNIL (commission nationale de l'informatique et des libertés) sur la conformité de la constitution et de l'usage que fait l'entreprise de ses données.

- Les compétences des collaborateurs et des dirigeants sont souvent au cœur même de la compétitivité des petites entreprises. Une attention particulière doit donc être portée aux collaborateurs en s'assurant de leur adhésion (rémunération et avantages justes) et si besoin en intégrant des clauses de non-concurrence en cas de départ.

- La dépendance aux fournisseurs et sous-traitants est une variable maîtrisable par le biais des contrats (cf. Action 12), et en s'assurant de solutions de secours en démultipliant si nécessaire les sources d'approvisionnement.

- Enfin, le dirigeant est l'homme clé de l'entreprise. Il doit impérativement être assuré et se prémunir d'éventuelles défaillances entraînant de manière temporaire ou définitive une incapacité de travail. Pour ce faire, se renseigner auprès des assurances qui disposent de solutions adaptées aux dirigeants et d'assurances « homme clé », et engager une dynamique de responsabilisation et de délégation auprès des collaborateurs (cf. Action 7) afin de minimiser les risques de blocage de l'activité.

Liens utiles

www.inpi.fr : Site internet de l'institut national de la protection industrielle recensant l'ensemble des informations sur les protections industrielles et intellectuelles (procédure, coût, engagements…**).**

www.cnil.fr : Portail de la commission nationale de l'informatique et des libertés.

www.assurprox.com : Comparateur d'assurances « homme clé » en ligne.

Action 26 : Innover

Descriptif

Créer une invention, un nouveau procédé ou une nouvelle pratique ayant une influence sur l'offre de l'entreprise et rencontrant un marché.

Actions à engager

1. Recenser les principaux savoir-faire de l'entreprise

2. Déterminer les habitudes de consommation des clients cibles et les valeurs qui leur sont propres

3. Lister les besoins auxquels répond l'offre de l'entreprise

4. S'informer des principales avancées technologiques, techniques ou intellectuelles dans votre secteur d'activité (cf. Actions 4 et 5)

5. Créer un climat d'échange et d'initiative favorable à l'innovation au sein de l'entreprise

6. Rechercher les caractéristiques, valeurs ou avancées technologiques pouvant être incorporées à l'offre

7. Vérifier la pertinence de mise en œuvre et la plus-value engendrée

Conseils

- Innover signifie avant tout ne pas rester sur ses acquis. Le marché, les concurrents, les habitudes de consommation, les technologies évoluent et l'entreprise doit elle aussi évoluer. Ce sans quoi elle risque de disparaître. Innover est donc primordial pour une entreprise, quelle que soit sa taille.

- L'innovation au sein de l'entreprise peut prendre différentes formes :

    - Une nouvelle cible (nouveau marché exploitable par le savoir-faire de l'entreprise)

    - Une nouvelle technique de production, d'analyse

    - Un nouveau packaging

    - Un nouveau moyen de communication...

- Les petites entreprises, de par leur réactivité et la proximité de leur marché, ont souvent des facilités à mettre en œuvre de l'innovation. Paradoxalement, elles sont souvent peu enclines à le faire par manque de recul, d'esprit d'initiative et d'ouverture. Une réelle culture doit donc être mise en place afin de saisir les opportunités d'innovation et de les mettre en œuvre.

- La créativité est incitée au sein de l'entreprise par l'écoute, la responsabilisation des collaborateurs et une recherche perpétuelle des attentes des clients. Une dynamique de veille et de remise en question de l'efficacité de l'entreprise doit être encouragée. Pour ce faire, diverses solutions sont envisageables : enquête de satisfaction auprès des clients, s'informer et échanger (cf. Actions 4, 5 et 17).

- Les possibilités d'innovation n'apparaissent que si l'entreprise est en capacité de prendre du recul à la fois sur son marché et sur ses méthodes. Pour ce faire, les questions suivantes doivent être régulièrement posées :

- Quelle caractéristique de l'offre n'est pas présente et pourrait avoir un intérêt pour le client final ou pour toucher une nouvelle clientèle ?

- Quelles évolutions technologiques, pratiques et techniques pourraient être intégrées afin d'améliorer la productivité ou la qualité de l'offre ?

- Existe-t-il d'autres exploitations possibles du savoir-faire de l'entreprise (nouvelle clientèle cible, nouveau produit…) ?

- Est-il envisageable et pertinent d'intégrer de nouvelles valeurs à l'offre existante (cf. Action 23) ?

- L'objectif d'une dynamique d'innovation est de prendre une avance et un avantage concurrentiel sur le marché. Il est nécessaire de vérifier l'intérêt de l'innovation et la plus-value générée avant de la mettre en œuvre.

Liens utiles

www.innover-entreprendre.com/index.php : Site internet regroupant des vidéos sur les thématiques de l'innovation et de l'entreprise.

www.innover-en-france.com : Site généraliste dédié à l'innovation et à sa mise en œuvre.

Action 27 : Multiplier les réseaux de distribution et de prescription

Descriptif

Trouver les meilleures solutions de distribution et de vente du produit ou service.

Actions à engager

1. Déterminer le niveau de complexité de la commercialisation (connaissances techniques, savoir-faire...) (cf. Action 16)

2. Identifier les points de vente potentiels (distribution exclusive, commerciaux, magasins, internet...)

3. Vérifier les risques potentiels pour chaque solution de distribution (image du produit ou service, qualité du discours commercial...)

4. Sélectionner les solutions de distribution

5. S'assurer d'une distribution cohérente en vérifiant que l'ensemble du marché est couvert

6. Identifier les réseaux et prescripteurs potentiels

7. Estimer les implications de la mise en place d'une stratégie de prescription sur le produit et sur la gestion commerciale

Indicateurs de résultats

Parts de marché, visibilité.

Conseils

- Les compétences nécessaires à la commercialisation du produit ou service de l'entreprise déterminent le réseau de distribution ou de prescription. Dans le cas où la vente doit passer par un argumentaire commercial (cf. Action 16) complexe, il convient de privilégier les réseaux de professionnels ou spécialisés. Ceci afin de ne pas entacher le produit ou service d'une mauvaise image ou de faire chuter le taux de transformation des ventes.

- La prescription (recommandation d'affaires) est souvent un mode de commercialisation sous-estimé par les petites entreprises. Elle revêt pourtant un certain nombre d'avantages : peu coûteuse (sinon en temps), véhiculant une image positive basée sur la confiance, elle implique cependant une qualité de prestation irréprochable. Ainsi, des recommandations entre entreprises complémentaires ou intervenant sur la même zone de chalandise peuvent être une stratégie gagnant/gagnant intéressante.

- Pour ce qui est des produits et services ne nécessitant pas de discours commercial complexe, il convient de s'assurer que l'ensemble du marché cible est couvert. La multiplication des réseaux de distribution est souvent un bon moyen de s'assurer une bonne lisibilité sur le marché et de diminuer les risques de baisse des marges de l'entreprise. Car une distribution exclusive engendre une dépendance forte de l'entreprise par rapport aux distributeurs qui se traduit souvent par une diminution de ses marges.

- Quel que soit le canal de distribution privilégié (prescription, grande distribution, internet…), il est important d'analyser les incidences de ce choix sur l'image du produit et service. La stratégie de distribution doit en effet être cohérente par rapport à l'image que l'on souhaite donner de l'entreprise, du produit ou service. Elle doit également être cohérente par rapport aux habitudes de consommation des clients cibles.

- Une attention particulière devra être portée, en cas de distribution multiple, à la cohérence des conditions de ventes (prix, livraison...).

Liens utiles

www.bnifrance.fr : Réseau de recommandation d'affaires

www.actionco.fr : Site généraliste sur le management et le développement commercial.

INVITATION

Rejoignez-nous sur les réseaux sociaux et sur notre site internet afin d'échanger et de trouver de nombreux outils adaptés à vos problèmes.

www.booster-entreprise.com

L'auteur

Thomas Guilmet, après plus de 15 ans dans le financement et le conseil, a souhaité, à travers cet ouvrage, accompagner les TPE/PME dans la recherche de la performance. Suite à la parution en 2012 de son premier livre *Petites entreprises : les clés du succès* aux Éditions Studyrama, il lui semblait nécessaire de pousser encore plus loin la réflexion, et de s'orienter vers de réels outils opérationnels, simples, efficaces et peu coûteux.

Ce manuel est né de la volonté de mettre à disposition des dirigeants de petites et très petites entreprises des outils adaptés leur permettant de se développer en toute autonomie.

Après deux ans de tests et de développement auprès d'un panel représentatif d'entreprises, et au regard des résultats obtenus, la nécessité de proposer ces outils aux entreprises françaises paraissait évidente. Cet outil a la volonté affichée de contribuer au dynamisme économique des TPE/PME françaises dans un contexte économique difficile.

AVERTISSEMENT

Le guide et son contenu sont protégés par les dispositions relatives à la protection des droits de la propriété intellectuelle, en particulier celles relatives à la propriété littéraire et artistique, aux droits d'auteur et à la protection des bases de données. Ainsi toute reproduction ou distribution non autorisée des informations, textes et images disponibles sur le site solution-entreprise.fr est interdite sous peine de poursuites judiciaires. Le contenu est réservé à un usage privé et non collectif. Le code de la propriété intellectuelle n'autorise aux termes de l'article L122-5 d'une part que les copies ou reproductions strictement réservées à l'usage privé du copiste et non destinées à une utilisation collective, et d'autre part les analyses et courtes citations dans un but d'exemple et d'utilisation, aux termes de l'article L342-3. Les logos, noms et marques commerciales présents sur le site expert-entreprise.fr appartiennent à leurs propriétaires respectifs ; toute utilisation nécessite au préalable l'accord écrit des titulaires des droits.

Droits d'auteur © 2013 Thomas Guilmet

www.ingramcontent.com/pod-product-compliance
Lightning Source LLC
Chambersburg PA
CBHW070258230526
45470CB00002B/628